本書の特長＆使い方

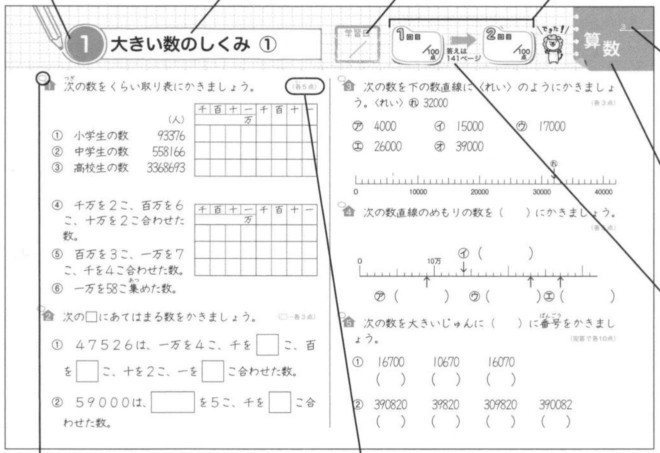

① 教科ごとの番号　**② 単元の名前**　**③ 学習日**

④ 点　数

１回目と２回目があります。

⑤ ページ番号

このドリル全体の通し番号です。

⑥ 教科名

⑦ 解答ページ

この問題の解答があるページです。

⑧ チェックボックス

まちがえた問題には✓チェックを入れましょう。

⑨ 配　点

問題ごとの点数を書いてています。
基本的に記号１つあたりで点数がつくように配点しています。

１回１枚、切り取って使える！

各教科１回１枚ずつ取り組むと、約１か月で予習・復習できます。

やさしく学べて、成績アップ！

教科書レベルの内容が、しっかり身につきます。

苦手がわかる、チェック式！

まちがえた問題にチェックを入れると、苦手を知れて対策できます。

両面に問題を収録！　問題数NO.１！ (※当社比)

学期や学年末の総まとめとして、さまざまな問題に取り組めます。

もくじ＆点数表

このもくじは、学習日と点数を記録する表になっています。
点数は、１回目だけでなく、２回目の点数も書けます。
１回目：今の実力の点数
２回目：１回目でまちがえた問題を解きなおし、100点を目指した点数
２回目は解答を確認しながらでもいいので、まちがえをそのままにせず、解きなおしをして苦手をなくしましょう。

理　科	学習日	1回目	2回目
❶草花を育てよう ①たねまきとめばえ	／	点	点
❷草花を育てよう ②たねまきとめばえ	／	点	点
❸草花を育てよう ③植物の育ちとつくり	／	点	点
❹草花を育てよう ④植物の育ちとつくり	／	点	点
❺草花を育てよう ⑤植物の一生	／	点	点
❻草花を育てよう ⑥植物の一生・虫めがねの使い方	／	点	点
❼チョウを育てよう ①育ち方	／	点	点
❽チョウを育てよう ②からだ	／	点	点
❾こん虫を調べよう ①からだ	／	点	点
❿こん虫を調べよう ②からだ	／	点	点
⓫こん虫を調べよう ③育ち方	／	点	点
⓬こん虫を調べよう ④くらし	／	点	点
⓭身近なしぜん ①かんさつのしかた	／	点	点
⓮身近なしぜん ②植物やこん虫	／	点	点
⓯かげと太陽 ①太陽の動きとかげのでき方	／	点	点
⓰かげと太陽 ②日なたと日かげ	／	点	点
⓱光であそぼう ①光の進み方	／	点	点
⓲光であそぼう ②光を集める	／	点	点
⓳明かりをつけよう ①明かりのつけ方	／	点	点
⓴明かりをつけよう ②明かりのつけ方	／	点	点
㉑明かりをつけよう ③電気を通す、通さない	／	点	点
㉒明かりをつけよう ④電気を通す、通さない	／	点	点
㉓じしゃく ①じしゃくの力	／	点	点
㉔じしゃく ②じしゃくの力	／	点	点
㉕じしゃく ③じしゃくのせいしつ	／	点	点
㉖じしゃく ④じしゃくのせいしつ	／	点	点
㉗風やゴムで動かそう ①風のはたらき	／	点	点
㉘風やゴムで動かそう ②ゴムのはたらき	／	点	点
㉙ものと重さ ①	／	点	点
㉚ものと重さ ②	／	点	点
㉛ものと重さ ③	／	点	点
㉜ものと重さ ④体せきと重さ	／	点	点

社　会	学習日	1回目	2回目
❶絵地図 ①	／	点	点
❷絵地図 ②	／	点	点
❸方いと地図記号 ①	／	点	点
❹方いと地図記号 ②	／	点	点
❺地図学習 ①	／	点	点
❻地図学習 ②	／	点	点
❼店ではたらく人びとの仕事 ①	／	点	点
❽店ではたらく人びとの仕事 ②	／	点	点
❾畑ではたらく人びとの仕事 ①	／	点	点
❿畑ではたらく人びとの仕事 ②	／	点	点
⓫工場ではたらく人びとの仕事	／	点	点
⓬火事をふせぐ①	／	点	点
⓭火事をふせぐ②	／	点	点
⓮交通事故をふせぐ①	／	点	点
⓯交通事故をふせぐ②	／	点	点
⓰昔の道具と人びとのくらし	／	点	点

国　語	学習日	1回目	2回目
❶読解：里の春、山の春	／	点	点
❷かん字 ①	／	点	点
❸読解：たけのこ	／	点	点
❹かん字 ②	／	点	点
❺読解：白くまの子	／	点	点
❻言葉と文 ①言葉のなかまわけ	／	点	点
❼読解：手ぶくろを買いに	／	点	点
❽かん字 ③	／	点	点
❾読解：うた時計	／	点	点
❿かん字 ④	／	点	点
⓫読解：かえるの王さま	／	点	点
⓬言葉と文 ②主語・述語・くわしくする言葉	／	点	点
⓭読解：カタツムリのひみつ	／	点	点
⓮かん字 ⑤	／	点	点
⓯読解：カブトムシの一日	／	点	点
⓰かん字 ⑥	／	点	点
⓱読解：動物の口	／	点	点
⓲言葉と文 ③つなぎ言葉・こそあど言葉	／	点	点
⓳読解：長ぐつをはいたねこ	／	点	点
⓴かん字 ⑦	／	点	点
㉑読解：クモの糸	／	点	点
㉒かん字 ⑧	／	点	点
㉓読解：ミツバチのダンス	／	点	点
㉔言葉と文 ④こそあど言葉・ローマ字	／	点	点
㉕まとめ：ピーマンは、なぜ苦い	／	点	点
㉖まとめ：カメは、なぜおそいのか	／	点	点
㉗まとめ：シロサイとクロサイ	／	点	点
㉘まとめ：クモの糸	／	点	点
㉙まとめ：日食・月食になぜ食がつくの	／	点	点
㉚まとめ：コウモリの体	／	点	点
㉛まとめ：鬼六（おにろく）	／	点	点
㉜まとめ：ざしき童子(ぼっこ)のはなし	／	点	点

英　語	学習日	1回目	2回目
❶アルファベットの大文字 ①	／	点	点
❷アルファベットの大文字 ②	／	点	点
❸アルファベットの大文字 ③	／	点	点
❹アルファベットの大文字 ④	／	点	点
❺アルファベットの大文字 ⑤	／	点	点
❻アルファベットの大文字 ⑥	／	点	点
❼アルファベットの小文字 ①	／	点	点
❽アルファベットの小文字 ②	／	点	点
❾アルファベットの小文字 ③	／	点	点
❿アルファベットの小文字 ④	／	点	点
⓫アルファベットの小文字 ⑤	／	点	点
⓬アルファベットの小文字 ⑥	／	点	点

英語には、音声がついています。
下記HPの商品ページから
ダウンロードしてください。
スマホやパソコン、タブレット
からお聞きいただけます。
（音声は無料ですが、通信料がかかります）

▶下記からダウンロード
http://foruma.co.jp/sankousyo/sankousyo6460

解答は、
141ページから！

1 大きい数のしくみ ①

学習日　／

1回目　／100点　答えは141ページ　2回目　／100点　できた！

算数

1 次(つぎ)の数をくらい取り表にかきましょう。（各(かく)5点）

（人）

① 小学生の数　93376

② 中学生の数　558166

③ 高校生の数　3368693

千	百	十	一万	千	百	十	一

④ 千万を２こ、百万を６こ、十万を２こ合わせた数。

⑤ 百万を３こ、一万を７こ、千を４こ合わせた数。

千	百	十	一万	千	百	十	一

⑥ 一万を58こ集(あつ)めた数。

2 次の□にあてはまる数をかきましょう。（□…各３点）

① ４７５２６は、一万を４こ、千を□こ、百を□こ、十を２こ、一を□こ合わせた数。

② ５９０００は、□を５こ、千を□こ合わせた数。

3 次の数を下の数直線に〈れい〉のようにかきましょう。〈れい〉㋹ 32000（各３点）

㋐ 4000　㋑ 15000　㋒ 17000

㋓ 26000　㋔ 39000

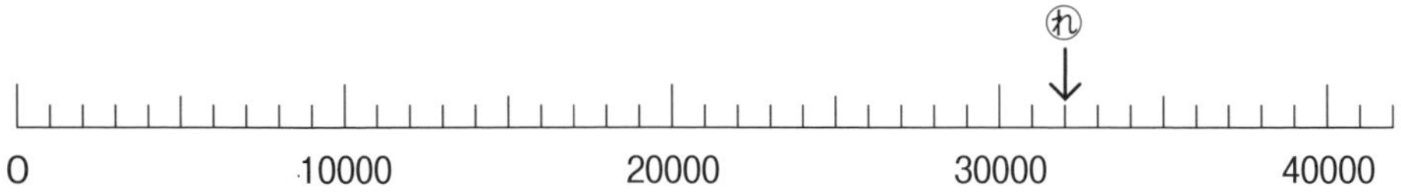

4 次の数直線のめもりの数を（　　）にかきましょう。（各５点）

㋑（　　　）

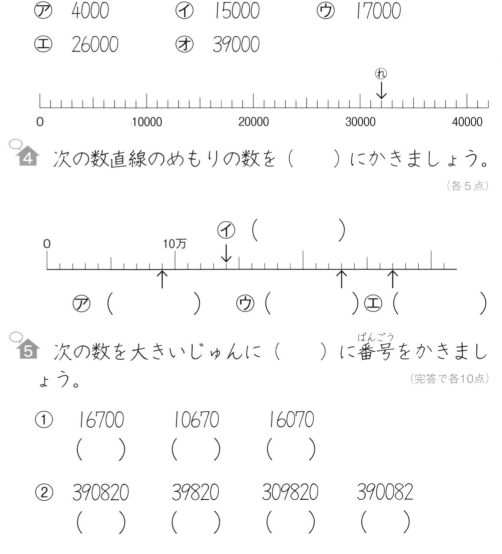

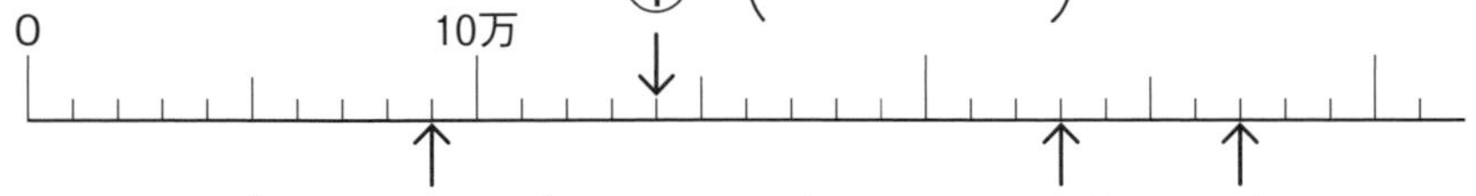

㋐（　　　）　㋒（　　　）㋓（　　　）

5 次の数を大きいじゅんに（　）に番号(ばんごう)をかきましょう。（完答で各10点）

① 16700（　）　10670（　）　16070（　）

② 390820（　）　39820（　）　309820（　）　390082（　）

2 大きい数のしくみ ②

学習日 ／

1回目 ／100点　答えは141ページ　2回目 ／100点

1 次の数を10倍した数と、10でわった数をかきましょう。（□…各3点）

もとの数		10倍	10でわる
①	50		
②	600		
③	4030		

2 次の数を100倍、1000倍した数をかきましょう。（□…各3点）

もとの数		100倍	1000倍
①	48		
②	6500		

3 次の数を漢数字でかきましょう。（各6点）

① 25734　（　　　　　）

② 80002073　（　　　　　）

4 次の漢数字を（算用）数字でかきましょう。（各5点）

① 六千二万千八百十　（　　　　　）

② 三百万百十七　（　　　　　）

5 次の□にあてはまる等号や不等号をかきましょう。（各6点）

① 60000 □ 40000

② 3000＋7000 □ 10000

③ 4000万 − 450万 □ 3600万

6 次の数字のカードを使って数を作りましょう。（各10点）

0　1　2　3　4　5　6　7

① 8まいのカードから5まいを使って、いちばん大きい数。□□□□□

② 8まいのカードから5まいを使って、いちばん小さい数。□□□□□

7 45＋27＝72、84−36＝48を使って、答えましょう。（各5点）

① 45万 ＋ 27万 ＝

② 840万 − 360万 ＝

3 わり算 ①

学習日 ／

1回目 ／100点　答えは141ページ　2回目 ／100点　できた！

1 次の□にあてはまる数をかきましょう。（各2点）

① $7\times\square=21$　② $5\times\square=35$

③ $4\times\square=24$　④ $9\times\square=81$

⑤ $6\times\square=18$　⑥ $8\times\square=48$

⑦ $\square\times2=16$　⑧ $\square\times7=63$

⑨ $\square\times5=20$　⑩ $\square\times8=40$

2 次のわり算の答えをもとめるには、何のだんの九九を使うとよいでしょうか。そして、答えもかきましょう。（各4点）

① $54\div9$ → □のだん → □

② $49\div7$ → □のだん → □

③ $30\div6$ → □のだん → □

④ $72\div8$ → □のだん → □

⑤ $0\div5$ → □のだん → □

3 次の計算をしましょう。（各3点）

① $42\div7=$　② $18\div2=$

③ $0\div6=$　④ $56\div8=$

⑤ $27\div9=$　⑥ $32\div4=$

⑦ $42\div6=$　⑧ $21\div3=$

⑨ $28\div7=$　⑩ $45\div9=$

⑪ $30\div6=$　⑫ $35\div5=$

⑬ $72\div8=$　⑭ $49\div7=$

⑮ $12\div6=$　⑯ $32\div8=$

⑰ $6\div3=$　⑱ $72\div9=$

⑲ $24\div8=$　⑳ $16\div4=$

4 わり算 ②

学習日 ／

1回目 ／100点　答えは141ページ　2回目 ／100点

できた！

算数

1 あめが、36こあります。4人に同じ数ずつ配(くば)ると、1人分は、何こですか。（式…10点　答え…5点）

（式(しき)）

答え

2 どんぐりが、35こあります。5ひきのりすに、同じ数ずつ分けると、1ぴき分は何こですか。（式…10点　答え…5点）

（式）

答え

3 15まいの画用紙を、3人で同じ数ずつ分けます。1人分は、何まいですか。（式…10点　答え…5点）

（式）

答え

4 にんじんが48本あります。8頭の馬に、同じ数ずつあげます。1頭分は、何本ですか。（式…10点　答え…10点）

（式）

答え

5 りんご18ことみかん24こを、6つのかごに同じ数ずつ入れます。1つのかごに入っているりんごの数とみかんの数は、それぞれ何こですか。（式…20点　答え…15点）

（式）

答え　りんご　　こ、みかん　　こ

5 わり算 ③

学習日 ／

1回目 ／100点

答えは141ページ

2回目 ／100点

できた!

1 牛にゅうが45dLあります。1本のびんに5dLずつ入れていくと、びんは何本いりますか。（式…10点　答え…5点）

（式）

答え ＿＿＿＿＿＿＿＿

2 48このかんづめを、6こずつ箱に入れます。何箱できますか。（式…10点　答え…5点）

（式）

答え ＿＿＿＿＿＿＿＿

3 15mのロープがあります。3mずつ切ると何本とれますか。（式…10点　答え…5点）

（式）

答え ＿＿＿＿＿＿＿＿

4 35本のチューリップを、7本ずつ花びんに入れます。花びんは、何こいりますか。（式…10点　答え…10点）

（式）

答え ＿＿＿＿＿＿＿＿

5 りんごが50こあります。そのうち2こがいたんでいたので、それをはずして、8こずつ箱に入れました。何箱できましたか。（式…20点　答え…15点）

（式）

答え ＿＿＿＿＿＿＿＿

6 わり算 ④

答えは141ページ

1 答えをもとめる式が、18÷3になる問題文に○をつけましょう。（各10点）

㋐（　）キャラメルが18こあります。3こ食べました。のこりは何こですか。

㋑（　）18まいのクッキーを、3人で同じ数ずつ分けます。1人分は、何まいですか。

㋒（　）1ふくろ18こ入りのチョコレートが3ふくろあります。チョコレートは全部で何こありますか。

㋓（　）18このパンを1人3こずつ分けます。何人に分けられますか。

㋔（　）18人の子どもにいちごを3こずつ分けます。いちごは、何こいりますか。

2 30このみかんを、1人に5こずつ配ります。何人に配れますか。（式…10点　答え…10点）

（式）

答え ＿＿＿＿＿＿

3 32人を、同じ人数の8つのグループに分けます。1グループは、何人になりますか。（式…10点　答え…10点）

（式）

答え ＿＿＿＿＿＿

4 48このかんづめを、6こずつ箱に入れます。何箱できますか。（式…10点　答え…10点）

（式）

答え ＿＿＿＿＿＿

5 30このメロンを、6こずつ箱に入れて売りました。今、2箱売れました。のこりは何箱ですか。（式…10点　答え…10点）

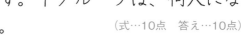

（式）

答え ＿＿＿＿＿＿

7 たし算の筆算

学習日　／

1回目　／100点　答えは141ページ　2回目　／100点

1 次の計算をしましょう。（各4点）

①

	3	4	2
＋	4	5	6

②

	3	0	5
＋	5	2	1

③

	5	1	0
＋	2	3	0

④

	2	9	4
＋	2	3	3

⑤

	3	7	5
＋	4	0	5

⑥

	3	7	5
＋	4	3	0

⑦

	2	8	3
＋	4	4	9

⑧

	1	7	9
＋	2	3	1

⑨

	4	7	5
＋	3	7	6

⑩

	4	4	3
＋	3	5	7

⑪

	6	2	5
＋	1	7	8

⑫

	7	2	6
＋	1	9	6

2 次の計算を筆算でしましょう。（各4点）

①　234＋545

②　338＋147

③　193＋308

④　194＋7

⑤　701＋89

⑥　46＋854

3 次の計算をしましょう。（各7点）

①

	1	3	4	6
＋	5	2	8	8

②

	6	7	9	3
＋	1	4	0	7

③

	7	2	6	8
＋	6	8	9	4

④

	8	5	9	3
＋	5	4	0	7

8 ひき算の筆算

学習日 ／

1回目 ／100点　答えは142ページ　2回目 ／100点

1 次(つぎ)の計算をしましょう。（各(かく)4点）

① 874 − 231

② 906 − 606

③ 783 − 548

④ 807 − 452

⑤ 917 − 446

⑥ 941 − 338

⑦ 923 − 469

⑧ 812 − 395

⑨ 783 − 285

⑩ 460 − 362

⑪ 604 − 235

⑫ 900 − 494

2 次の計算を筆算(ひっさん)でしましょう。（各4点）

① 671−458　② 431−391　③ 834−665

④ 500−487　⑤ 702−57　⑥ 900−809

3 次の計算をしましょう。（各7点）

① 7364 − 2638

② 8254 − 4668

③ 15001 − 8452

④ 10002 − 3274

9 たし算とひき算 ①

学習日　／

1回目　／100点　答えは142ページ　2回目　／100点

できた！

1 415円のおべんとうと98円のお茶を買いました。合わせて何円ですか。（式…10点　答え…5点）

（式）

答え

2 おりづるを1組は790羽作り、2組は820羽作りました。合わせて何羽作りましたか。（式…10点　答え…5点）

（式）

答え

3 2日間の音楽祭の入場者は、1日目が5810人、2日目が6255人でした。入場者は合計何人ですか。（式…10点　答え…5点）

（式）

答え

4 おり紙が1000まいあります。おりづるを675羽作りました。おり紙は何まいのこっていますか。（式…10点　答え…5点）

（式）

答え

5 公園にさくらが5000本あります。うめは3600本あります。どちらが何本多いですか。（式…10点　答え…10点）

（式）

答え

6 図書館にある花の図かんは、虫の図かんより245さつ多く720さつあります。虫の図かんは何さつですか。（式…10点　答え…10点）

（式）

答え

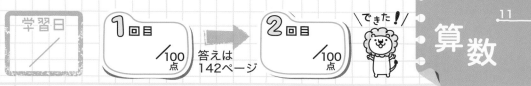

10 たし算とひき算 ②

学習日　／

1回目　／100点　答えは142ページ　2回目　／100点

できた！

算数

1 395円のサンドイッチと258円の牛にゅうを買いました。合わせて何円ですか。（式…10点　答え…5点）

（式）

答え

2 くみ子さんは、今日86ページ本を読みましたが、まだ202ページのこっています。この本は何ページありますか。（式…10点　答え…5点）

（式）

答え

3 お姉さんは865円、妹は437円持っています。どちらが何円多く持っていますか。（式…10点　答え…5点）

（式）

答え

4 ある店では、537円の筆箱と、177円のノートと148円のえんぴつを売っていました。

① 筆箱とノートを買うと、何円になりますか。（式…10点　答え…5点）

（式）

答え

② 1000円を出して、3つとも買いました。おつりは何円になりますか。（式…15点　答え…10点）

（式）

答え

5 ふじ山の高さは、3776mで、エベレストは、8848mです。どちらが何m高いですか。（式…10点　答え…5点）

（式）

答え

11 時こくと時間 ①

学習日 ／

1回目 ／100点　答えは142ページ　2回目 ／100点

1 次の時こくや時間をもとめましょう。（各10点）

① 午後３時40分から１時間30分後の時こく。

答え ＿＿＿＿＿＿

② 午後６時より２時間45分前の時こく。

答え ＿＿＿＿＿＿

③ 午後２時20分から午後７時までの時間。

答え ＿＿＿＿＿＿

④ 午後６時40分から午後10時15分までの時間。

答え ＿＿＿＿＿＿

2

左の時計は、よしお君が朝起きた時こくです。（各15点）

① よしお君が起きたのは、午前何時何分ですか。

答え ＿＿＿＿＿＿

② 登校の７時30分までには、何分間ありますか。

答え ＿＿＿＿＿＿

③ 起きた時こくから１時間30分あとに学校に着きました。午前何時何分に学校に着きましたか。

答え ＿＿＿＿＿＿

④ 午前８時15分から、４時間あとにきゅう食が始まりました。きゅう食が始まる時こくは、午後何時何分ですか。

答え ＿＿＿＿＿＿

12 時こくと時間 ②

学習日 ／

1回目 ／100点 → 2回目 ／100点

答えは142ページ

できた！

1 次の（　　）にあてはまる数をかきましょう。（各4点）

① 1分＝（　　　　）秒

② 3分15秒＝（　　　　）秒

③ 75秒＝（　　　　）分（　　　　）秒

④ 2時間30分＝（　　　　）分

⑤ 1日と8時間＝（　　　　）時間

2 次の計算をしましょう。（各5点）

① 8秒＋7秒＝

② 45秒－29秒＝

③ 3時間37分＋44分＝

④ 7時間12分－3時間30分＝

3 兄は、午前7時20分に家を出て、野球の練習に行きました。午後2時10分に家に帰ってきました。兄が家を出てから帰ってくるまでの時間は何時間何分ですか。（15点）

（式）

答え ＿＿＿＿＿＿＿＿

4 次の（　　）にあてはまる、時間のたんい（時間・分・秒）をかきましょう。（各4点）

① 50m走るのにかかった時間 ………… 9（　　　　）

② 学校にいる時間 ………………………… 7（　　　　）

③ 歯をみがく時間 ………………………… 3（　　　　）

④ きゅう食の時間 ………………………… 40（　　　　）

⑤ 10メートルの横だん歩道の青色の点とう時間 ………… 10（　　　　）

5 朝のさんぽで、谷川さんは1時間45分、山田さんは95分間歩きました。

① 2人合わせて何時間何分歩きましたか。（10点）

（式）

答え ＿＿＿＿＿＿＿＿

② どちらが何分間多く歩きましたか。（15点）

（式）

答え ＿＿＿＿＿＿＿＿

13 長さ ①

学習日　／

1回目　／100点　2回目　／100点

答えは142ページ

1 次(つぎ)の↓の長さをかきましょう。　（各(かく)５点）

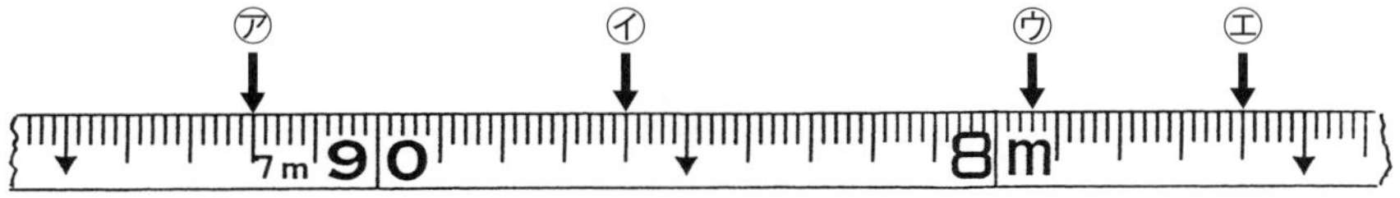

㋐（　　　　　）　㋑（　　　　　）

㋒（　　　　　）　㋓（　　　　　）

2 次の□にあてはまる数をかきましょう。　（各４点）

① 3km ＝ □ m

② 8000m ＝ □ km

③ 400cm ＝ □ m

④ 9m ＝ □ cm

⑤ 2530m ＝ □ km □ m

⑥ 3070m ＝ □ km □ m

⑦ 6005m ＝ □ km □ m

⑧ 4km330m ＝ □ m

⑨ 37km65m ＝ □ m

3 次の計算をしましょう。　（各４点）

① 1km500m＋700m＝

② 1km500m－700m＝

③ 1km200m＋800m＝

④ 2km200m－400m＝

⑤ 800m＋1km600m＝

⑥ 3km100m－600m＝

4 次の（　　）にあてはまる長さのたんい（km・m・cm・mm）をかきましょう。　（各４点）

① ふじ山の高さ ………………………… 3776（　　　　）

② 1000円さつの横(よこ)の長さ ……………… 15（　　　　）

③ 教科書のあつさ ……………………… 6（　　　　）

④ 大阪(おおさか)から東京までのきょり ……… 550（　　　　）

⑤ くつの大きさ ………………………… 24（　　　　）

14 長さ ②

学習日　／　1回目　／100点　答えは142ページ　2回目　／100点　できた！

算数

1 原口さんの家から図書館（としょかん）へ行く道は、図のように4通りです。（各（かく）15点）

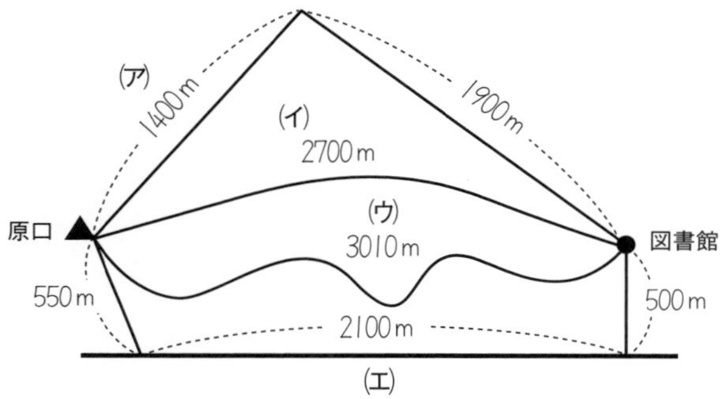

① (ア)～(エ)のどの道が一番近いですか。それは何km何mですか。

答え　　　　，

② (ア)の道と(エ)の道では、どちらが近いですか。何m短いですか。

（式（しき））

答え　　　　，

③ 行きは(イ)の道を、帰りは(ウ)の道を通ることにします。行きと帰りを合わせると何km何mですか。

（式）

答え

2 次（つぎ）の地図を見て答えましょう。

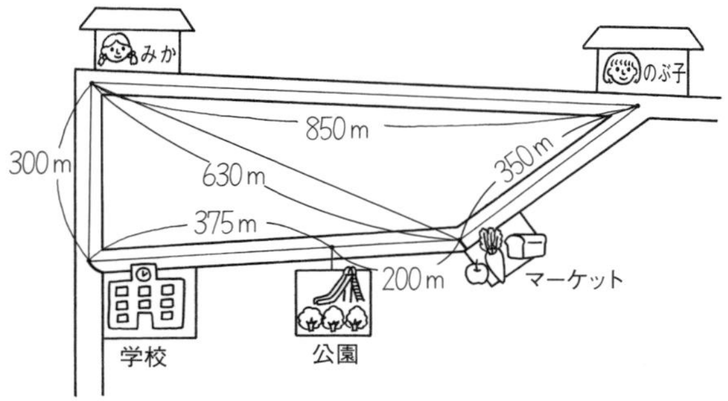

① みかさんの家からマーケットまでのきょりは何mですか。（15点）

答え

② 朝、のぶ子さんはみかさんをさそって、学校へ行きます。のぶ子さんの家から学校まで、何mですか。またそれは、何km何mですか。（20点）

（式）

答え　　　　m，　　　　km　　　　m

③ のぶ子さんがマーケットを通って公園へ行くのと、みかさんが学校を通って公園へ行くのとでは、どちらがどれだけ遠いですか。（20点）

（式）

答え

15 小数のしくみ

学習日 ／　1回目 ／100点　2回目 ／100点

答えは142ページ

できた！

1 次の水のかさは何Lですか。（各5点）

①

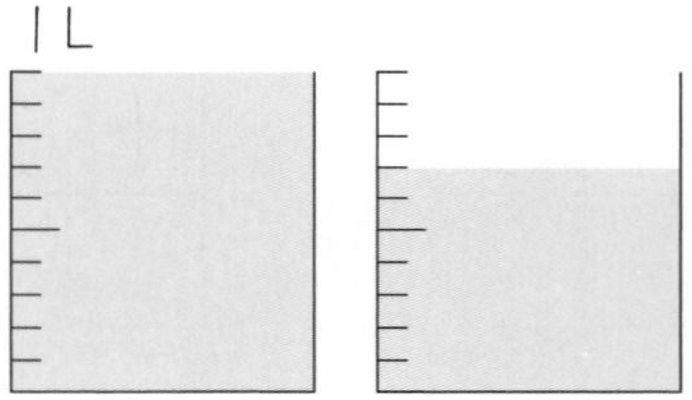

②

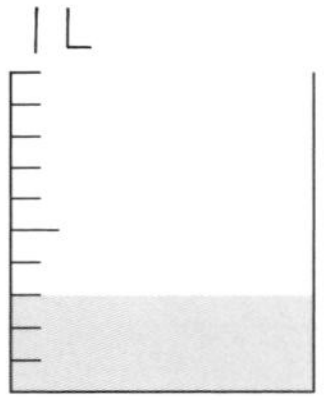

答え＿＿＿＿　　答え＿＿＿＿

2 数直線の↑の数を□にかきましょう。（各5点）

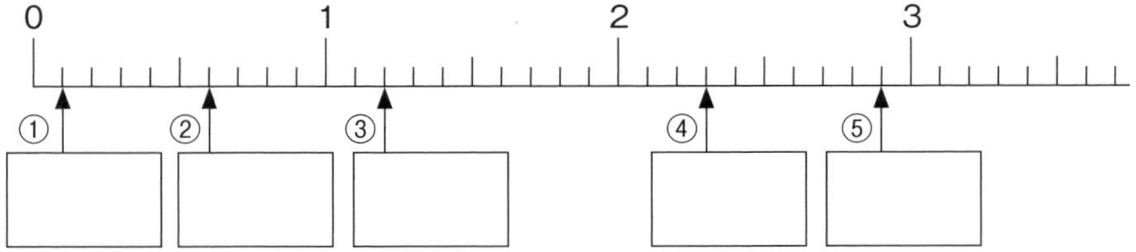

3 次の数を整数と小数に分けましょう。整数には○、小数には△をつけましょう。（各3点）

①（　　）0.5　　②（　　）2

③（　　）4.9　　④（　　）5

4 （　　）にあてはまる数をかきましょう。（（　）…各3点）

① 4.9は1を（　　）こ、0.1を（　　）こ合わせた数です。

② 1.5は0.1を（　　）こ集めた数です。

③ 1を2こ、0.1を7こ合わせた数は（　　）です。

④ 0.1を86こ集めた数は（　　）です。

5 次の□にあてはまる数をかきましょう。（各5点）

① 5L7dL＝□L　② 1.3L＝□L□dL

③ 3cm5mm＝□cm

④ 20.4cm＝□cm□mm

6 □にあてはまる不等号をかきましょう。（各3点）

① 0.6□0.8　② 4.7□4.4

③ 5□5.1　④ 61.3□6.13

⑤ 12.6□13.6　⑥ 20.8□20.1

16 小数のたし算

1 次の計算をしましょう。（各4点）

① 0.6+0.3=　　② 0.5+0.2=

③ 0.4+0.6=　　④ 0.2+0.8=

⑤ 0.2+1.4=　　⑥ 0.7+1.2=

⑦ 3.7+1.9=　　⑧ 2.6+1.4=

⑨ 6.3+2.8=　　⑩ 2+5.7=

2 次の筆算で、正しい方の記号をかきましょう。（各3点）

① 3.5+2.5

□

㋐	3.	5
+	2.	5
	6.	0

㋑	3.	5
+	2.	5
	5.	0

② 35+2.5

□

㋐	3	5
+	2.	5
	6.	0

㋑	3	5	
+		2.	5
	3	7.	5

3 次の計算をしましょう。（各4点）

①

	4.	9
+	2.	6

②

	3.	3
+	4.	8

③

	3.	7
+	2.	9

④

	7.	6
+	6.	6

⑤

	8.	9
+	7.	4

⑥

	5.	5
+	4.	8

⑦

	3.	4
+	4	

⑧

	5	
+	3.	5

⑨

	2.	7
+	7.	3

4 次の計算を筆算でしましょう。（各6点）

① 1.5+6　　② 0.8+9.6　　③ 2+8.9

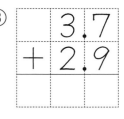

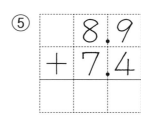

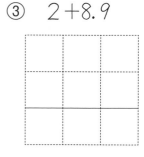

17 小数のひき算

学習日　／

1回目　／100点　答えは143ページ　2回目　／100点

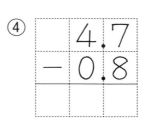

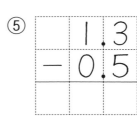

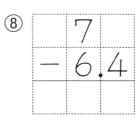

1 次(つぎ)の計算をしましょう。（各(かく)4点）

① 0.8−0.4＝　　② 1−0.6＝

③ 2−0.2＝　　④ 1.8−0.3＝

⑤ 1.2−0.9＝　　⑥ 1.7−0.8＝

⑦ 2.3−0.3＝　　⑧ 3.4−0.7＝

⑨ 4.8−0.8＝　　⑩ 2.6−1.9＝

2 次の筆算(ひっさん)で、正しい方の記号(きごう)をかきましょう。（各3点）

① 35−2.5　□

㋐	3	5
−	2.	5
	1.	0

㋑	3	5	
−		2.	5
	3	2.	5

② 3.5−3　□

㋐	3.	5
−	3	
	0.	5

㋑	3.	5
−		3
	3.	2

3 次の計算をしましょう。（各(かく)4点）

①

	7.	3
−	2.	8

②

	4.	2
−	1.	7

③

	8.	8
−	4.	9

④

	4.	7
−	0.	8

⑤

	1.	3
−	0.	5

⑥

	1	2.	4
−		5.	6

⑦

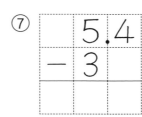

	5.	4
−	3	

⑧

	7	
−	6.	4

⑨

	1	1.	3
−		9.	7

4 次の計算を筆算でしましょう。（各6点）

① 8−5.7　　② 3−1.1　　③ 9.1−9

18 小数の文章題

1 3.2Lのジュースと1.8Lの水を合わせました。何Lになりましたか。
（式…10点　答え…5点）

（式）

答え ＿＿＿＿＿＿

2 リボンが3.8mありました。いま、1.5m使いました。リボンは、何mのこっていますか。
（式…10点　答え…5点）

（式）

答え ＿＿＿＿＿＿

3 学校から2.4km歩いて休けいし、そこから1.6km歩いて公園に着きました。学校から公園までは何kmですか。
（式…10点　答え…5点）

（式）

答え ＿＿＿＿＿＿

4 天ぷらをあげるのに、なたね油を0.8L使いました。まだ1.6Lのこっています。なたね油は、はじめ何Lありましたか。
（式…10点　答え…5点）

（式）

答え ＿＿＿＿＿＿

5 ぞうの重さは5.2tで、サイは3.2tです。どちらが、どれだけ重いですか。
（式…10点　答え…10点）

（式）

答え ＿＿＿＿＿＿

6 図を見て、㋐の長さをもとめましょう。
（式…10点　答え…10点）

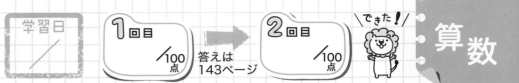

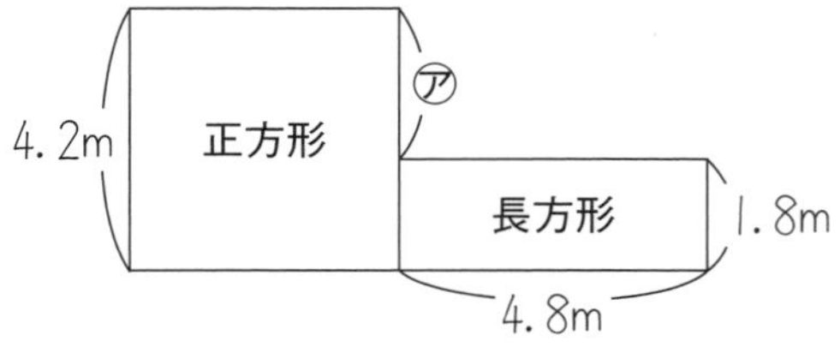

（式）

答え ＿＿＿＿＿＿

19 分数のしくみ

学習日　／

1回目　／100点

答えは143ページ

2回目　／100点

できた！

1 次(つぎ)の水のかさを分数で表(あらわ)しましょう。　（各(かく)5点）

① 1L

② 1L

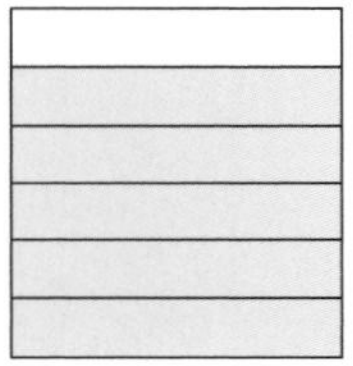

③ 1L

2 次のテープの長さを分数で表しましょう。　（各5点）

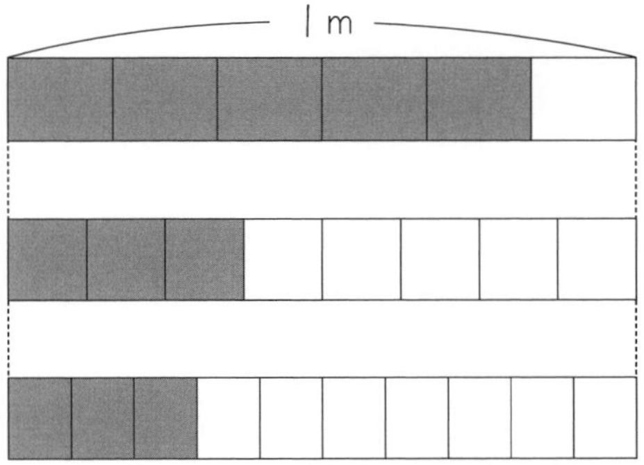

3 次の数を大きいじゅんにならべましょう。　（各5点）

① $\frac{3}{7}$, $\frac{5}{7}$, 1, $\frac{2}{7}$ → (　　,　　,　　,　　)

② $\frac{9}{5}$, 1, $\frac{7}{5}$, $\frac{2}{5}$ → (　　,　　,　　,　　)

4 数直線に分母が10の分数と小数を表しました。

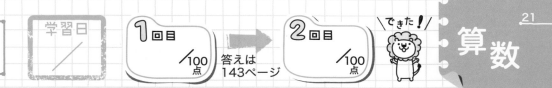

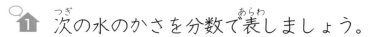

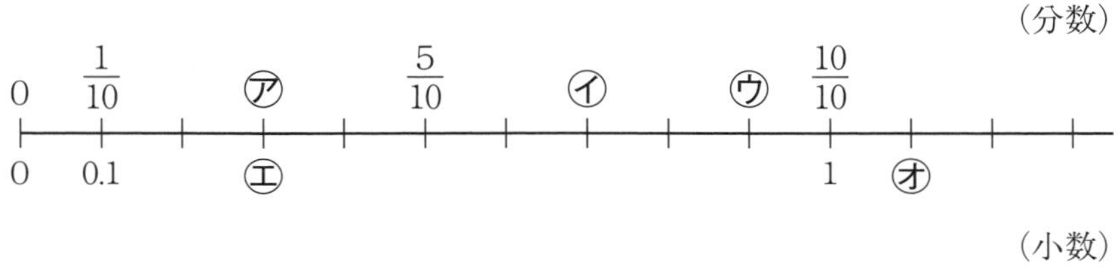

① ア、イ、ウにあてはまる分数は何ですか。　（各5点）

ア＿＿＿＿　イ＿＿＿＿　ウ＿＿＿＿

② エ、オにあてはまる小数は何ですか。　（各5点）

エ＿＿＿＿　オ＿＿＿＿

5 次の小数を分母が10の分数で表しましょう。　（各5点）

① 0.1＝　　② 0.8＝　　③ 1.1＝

6 次の□にあてはまる等号(とうごう)や不等号(ふとうごう)をかきましょう。　（各5点）

① $\frac{7}{10}$ □ 0.6　　② $\frac{4}{10}$ □ 0.4

③ 0 □ $\frac{1}{10}$　　④ $\frac{13}{10}$ □ 0.3

20 分数のたし算・ひき算

学習日　／

1回目　／100点　答えは143ページ　2回目　／100点

1 次の計算をしましょう。（各4点）

① $\frac{4}{9}+\frac{1}{9}=$　　② $\frac{2}{7}+\frac{4}{7}=$

③ $\frac{3}{9}+\frac{5}{9}=$　　④ $\frac{1}{3}+\frac{1}{3}=$

⑤ $\frac{2}{5}+\frac{2}{5}=$　　⑥ $\frac{4}{10}+\frac{3}{10}=$

⑦ $\frac{2}{3}+\frac{1}{3}=$　　⑧ $\frac{3}{5}+\frac{2}{5}=$

⑨ $\frac{5}{7}-\frac{1}{7}=$　　⑩ $\frac{4}{5}-\frac{2}{5}=$

⑪ $\frac{3}{4}-\frac{2}{4}=$　　⑫ $\frac{5}{9}-\frac{3}{9}=$

⑬ $\frac{10}{10}-\frac{1}{10}=$　　⑭ $\frac{8}{8}-\frac{3}{8}=$

⑮ $1-\frac{1}{2}=$　　⑯ $1-\frac{2}{3}=$

2 牛にゅうがパックに$\frac{3}{7}$L、びんに$\frac{2}{7}$Lあります。合せると何Lになりますか。（式…5点　答え…5点）

（式）

答え ＿＿＿＿＿＿

3 1mのリボンから$\frac{3}{8}$m使いました。のこりは何mありますか。（式…5点　答え…5点）

（式）

答え ＿＿＿＿＿＿

4 ペットボトルに1Lのジュースがあります。あきら君は$\frac{2}{5}$L、ひろし君は$\frac{1}{5}$L飲みました。ジュースは、何Lのこっていますか。（式…8点　答え…8点）

（式）

答え ＿＿＿＿＿＿

21 あまりのあるわり算 ①

学習日　／

1回目　／100点　答えは143ページ　2回目　／100点

1 次のわり算で、あまりのあるものに○をつけましょう。

（各5点）

① (　　) 54÷9　　② (　　) 25÷5

③ (　　) 58÷6　　④ (　　) 18÷3

⑤ (　　) 63÷7　　⑥ (　　) 70÷8

⑦ (　　) 31÷4　　⑧ (　　) 13÷2

2 次の計算をして、答えをたしかめましょう。

（答え…5点　たしかめ…5点）

① [15]÷6＝＿＿＿＿＿

〈たしかめ算〉　□ × □ ＋ □ ＝ □

（わる数）（答え）（あまり）

② [37]÷4＝＿＿＿＿＿

〈たしかめ算〉　□ × □ ＋ □ ＝ □

③ [50]÷9＝＿＿＿＿＿

〈たしかめ算〉　□ × □ ＋ □ ＝ □

3 次のわり算の計算で、正しい方に○をつけましょう。…はあまりを表します。

（各6点）

① 22÷3
- ㋐ (　　) 22÷3＝6…4
- ㋑ (　　) 22÷3＝7…1

② 33÷4
- ㋐ (　　) 33÷4＝8…1
- ㋑ (　　) 33÷4＝7…5

③ 41÷5
- ㋐ (　　) 41÷5＝6…11
- ㋑ (　　) 41÷5＝8…1

4 次のわり算をしましょう。…は、あまりを表します。

（各8点）

① 56÷9＝　　　…

② 48÷7＝　　　…

③ 77÷8＝　　　…

④ 32÷5＝　　　…

22 あまりのあるわり算 ②

学習日 ／

1回目 ／100点　答えは143ページ　2回目 ／100点

1 次(つぎ)のわり算で、あまりが「4」になる文字をならびかえて、できることばをかきましょう。

あ	34÷5	り	12÷8	ま	46÷7
か	25÷6	す	45÷7	の	58÷6
る	43÷5	る	20÷8	わ	52÷6
い	41÷6	め	48÷9	り	67÷7
あ	39÷7	ん	34÷6	ざ	25÷7

① あまりが4になる文字　（各(かく)3点）

（　　　　　　　　　　）

② できたことば　（10点）

2 次のわり算をしましょう。…はあまりを表します。　（各3点）

① 62÷9＝　…

② 15÷8＝　…

③ 12÷8＝　…

④ 40÷9＝　…

⑤ 50÷6＝　…

⑥ 61÷9＝　…

⑦ 26÷9＝　…

⑧ 10÷7＝　…

⑨ 30÷8＝　…

⑩ 25÷9＝　…

⑪ 31÷4＝　…

⑫ 15÷9＝　…

⑬ 16÷9＝　…

⑭ 51÷8＝　…

⑮ 23÷6＝　…

⑯ 44÷9＝　…

⑰ 60÷8＝　…

⑱ 60÷7＝　…

⑲ 52÷9＝　…

⑳ 30÷4＝　…

23 あまりのあるわり算 ③

学習日 ／

1回目 ／100点

答えは144ページ

2回目 ／100点

1 次の計算は、2けた÷1けたのわり算のたしかめの計算です。はじめのわり算の式をかきましょう。
○の数は答えです。（各5点）

① （　　　）÷（　　　）　⇐　7×③+4=25

② （　　　）÷（　　　）　⇐　4×⑧+3=35

③ （　　　）÷（　　　）　⇐　6×⑦+5=47

2 48dLのジュースを7人で同じかさに分けます。1人分は、何dLで何dLあまりますか。（式…5点　答え…5点）

（式）

答え＿＿＿＿＿＿＿＿

3 子どもが34人います。4人まですわることのできる長いすにすわります。みんながすわるには、この長いすは何きゃくあればよいですか。（式…10点　答え…5点）

（式）

答え＿＿＿＿＿＿＿＿

4 次のわり算をしましょう。…はあまりを表します。（各3点）

① 40÷7=　　…	② 22÷8=　　…
③ 71÷8=　　…	④ 11÷4=　　…
⑤ 12÷7=　　…	⑥ 71÷9=　　…
⑦ 41÷9=　　…	⑧ 33÷7=　　…
⑨ 30÷8=　　…	⑩ 20÷9=　　…
⑪ 12÷9=　　…	⑫ 50÷7=　　…
⑬ 52÷7=　　…	⑭ 33÷9=　　…
⑮ 50÷9=　　…	⑯ 31÷7=　　…
⑰ 11÷6=　　…	⑱ 52÷8=　　…
⑲ 22÷9=　　…	⑳ 20÷6=　　…

24 あまりのあるわり算 ④

学習日　／

1回目　／100点　答えは144ページ　2回目　／100点

1 たこやきが46こあります。8人の子どもに同じ数ずつ分けます。1人分は何こで、何こあまりますか。

（式…5点　答え…5点）

（式）

答え

2 さくらんぼが27こあります。6こずつ皿にのせていくと何皿できて、何こあまりますか。（式…10点　答え…5点）

（式）

答え

3 ジュースが41本あります。6本ずつケースに入れていくと、何ケースできて、何本あまりますか。

（式…10点　答え…5点）

（式）

答え

4 長さ55cmのリボンがあります。8cmずつ切っていくと、8cmのリボンは何本できますか。

（式…10点　答え　10点）

（式）

答え

5 みかんが60こあります。7こずつふくろに入れます。全部のみかんを入れるには、何ふくろいりますか。

（式…10点　答え…10点）

（式）

答え

6 46ページのドリルがあります。1日に5ページずつしていくと、全部するのに何日かかりますか。

（式…10点　答え10点）

（式）

答え

25 三角形と角 ①

学習日　／

1回目　／100点　答えは144ページ　2回目　／100点　できた！

1 次の図を見て二等辺三角形、正三角形に分けましょう。 （（　）…各5点）

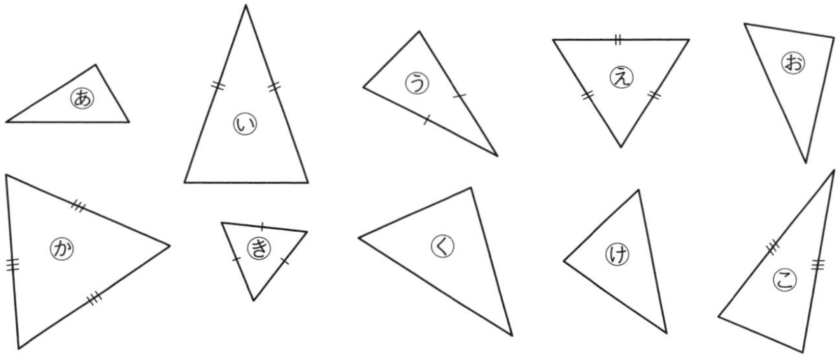

① 二等辺三角形　（　　）（　　）（　　）

② 正三角形　（　　）（　　）（　　）

2 次の三角形の名前をかきましょう。 （各8点）

① 辺の長さが10cm、8cm、8cmの三角形

（　　　　　）

② 3つの角の大きさが等しい三角形

（　　　　　）

③ 辺の長さがどれも7cmの三角形

（　　　　　）

3 三角じょうぎの角について答えましょう。 （各8点）

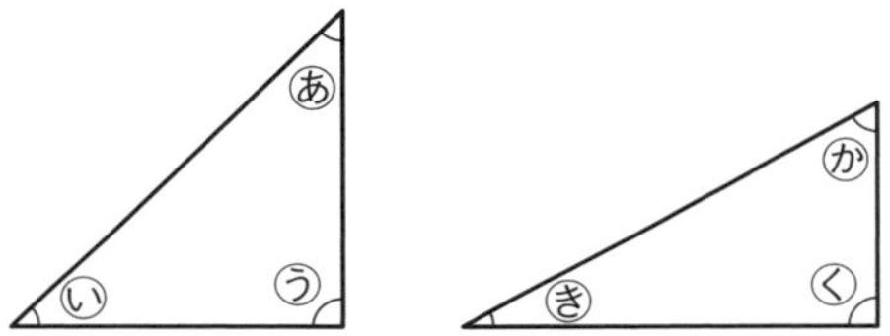

① 直角になっている角はどれとどれですか。

（　　　，　　　）

② 1番とがっている角はどれですか。（　　　）

③ あの角とかの角ではどちらが大きいですか。

（　　　）

4 次の図のように紙を2つにおって点線のところで切ります。

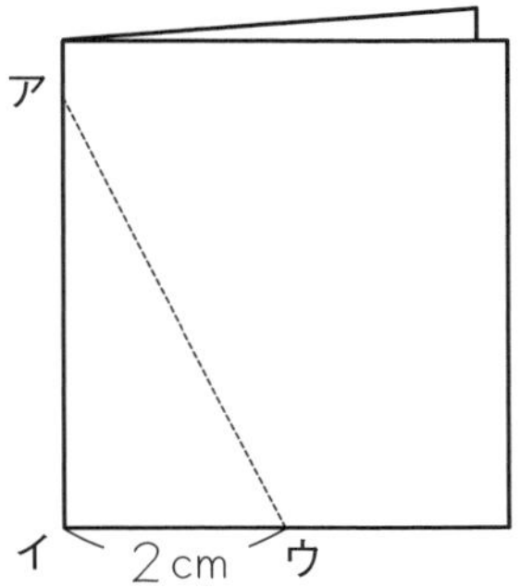

① 広げた形は何という三角形ですか。 （10点）

（　　　　　）

② 辺イウは2cmのままで、広げた三角形が正三角形になるのは辺アウが何cmのときですか。 （12点）

（　　　　　）

26 三角形と角 ②

1 コンパスを使って、次の三角形をかきましょう。（各15点）

① 辺の長さが4cm、3cm、3cm

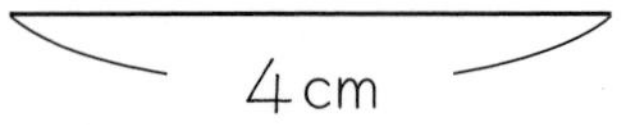

② 辺の長さがすべて4cm

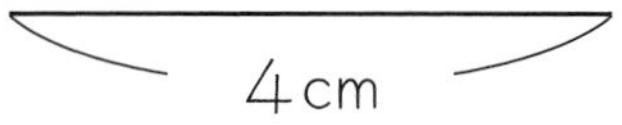

③ 辺の長さが3cm、3cm、3cm

④ 辺の長さが5cm、4cm、4cm

2 円のまわりに2つの点を決めて、三角形をかきましょう。（各10点）

① 1辺の長さが3cmの正三角形

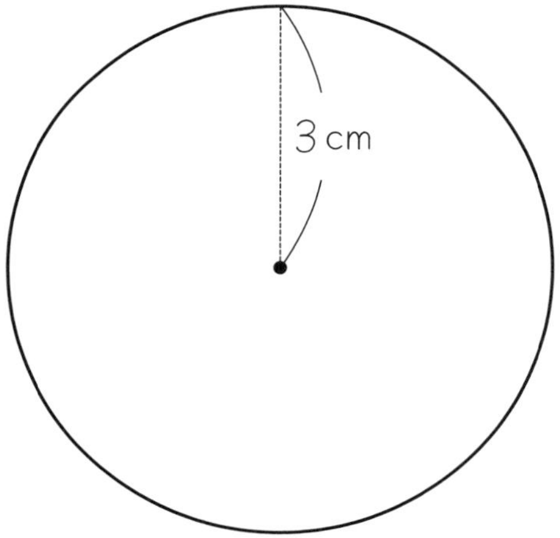

② 辺の長さが3cm、2cm、2cmの二等辺三角形

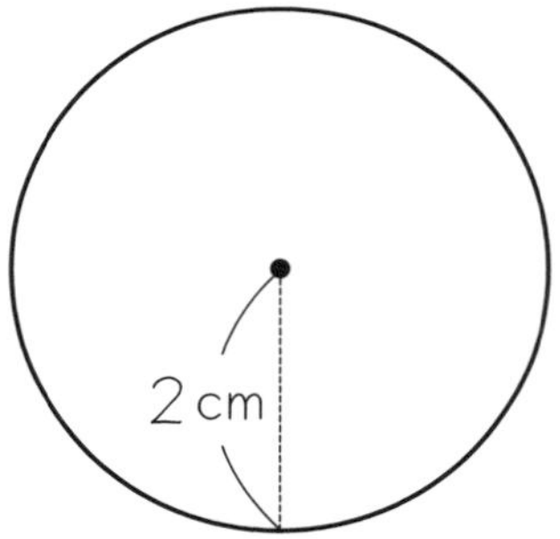

3 次の図にあと1点をえらんでできる、二等辺三角形をすべてかきましょう。（完答で20点　1つできて5点）

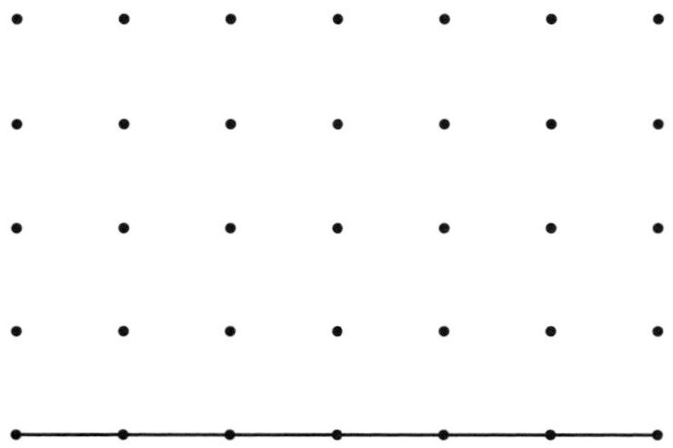

27 円と球 ①

学習日　／

1回目　／100点　　2回目　／100点

答えは144ページ

できた！

1 次の中から球の形に○、円の形に△をつけ、どちらでもないものには×をつけましょう。（各６点）

① 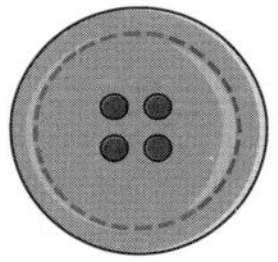 （　　　）

②  （　　　）

③  （　　　）

④ 

（　　　）

2 次の図を見て、あとの問いに答えましょう。（各５点）

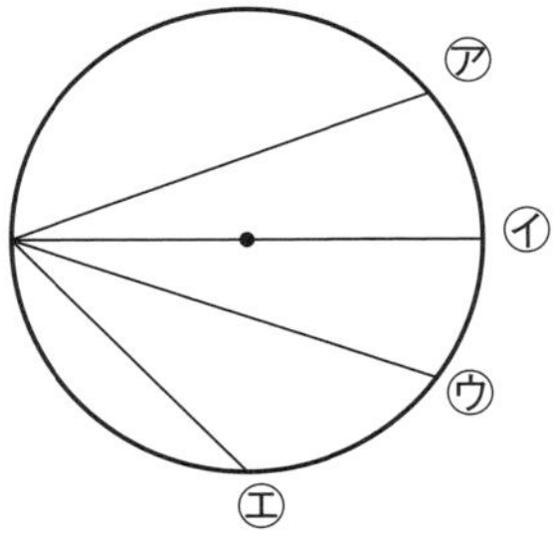

(1) １番長い直線はア～エのうちどれですか。（　　　）

(2) (1)の直線のことを何といいますか。（　　　）

3 次の円の直径の長さをもとめましょう。（各６点）

① 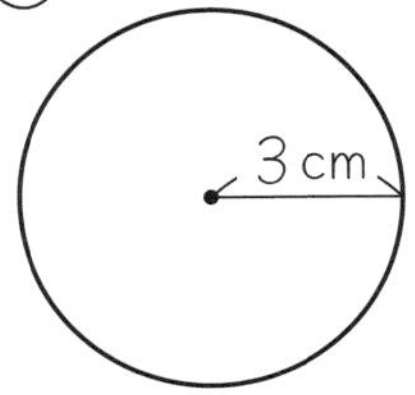

（　　　）

② ３つとも同じ円
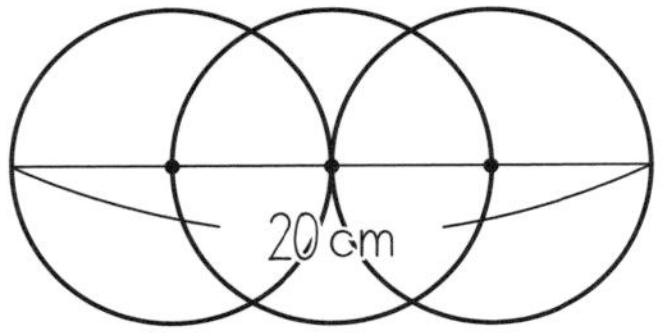

（　　　）

③ いの直径
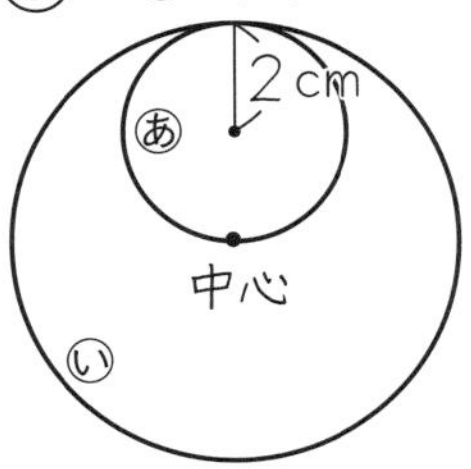

（　　　）

4 同じ直径の円が、図のように７こならんでいます。

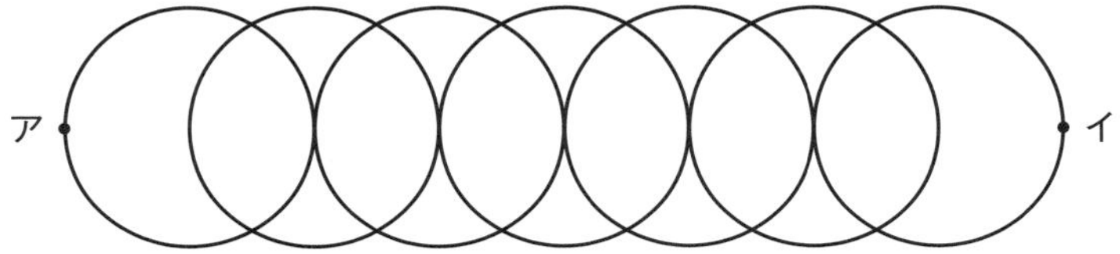

点アから点イまでの長さは20cmでした。１つの円の直径は何cmですか。また、半径は何cmですか。

（式…12点　答え…12点）

（式）

答え　直径　　　cm，半径　　　cm

5 半径３cmのボールが箱の中にきちんと入っています。

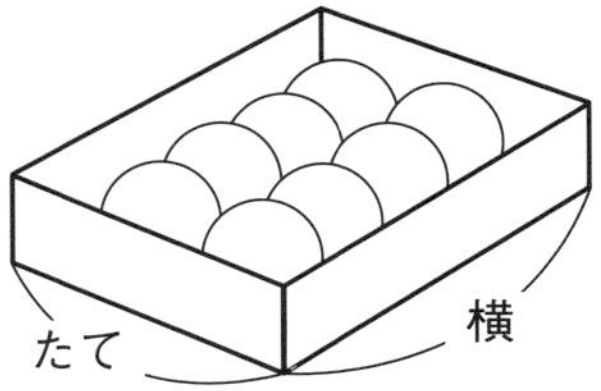

① 箱のたての長さは何cmですか。（式…６点　答え…６点）

（式）

答え

② 箱の横の長さは何cmですか。（式…６点　答え…６点）

（式）

答え

28 円と球 ②

学習日 /

1回目 /100点　答えは144ページ　2回目 /100点　できた！

算数

1 次の円をかきましょう。（各20点）

① 半径2cmの円

② 直径5cmの円

③ 中心がアで、直径が6cmの円と半径が1.5cmの円

ア

2 コンパスを使って、同じもようをかきましょう。（20点）

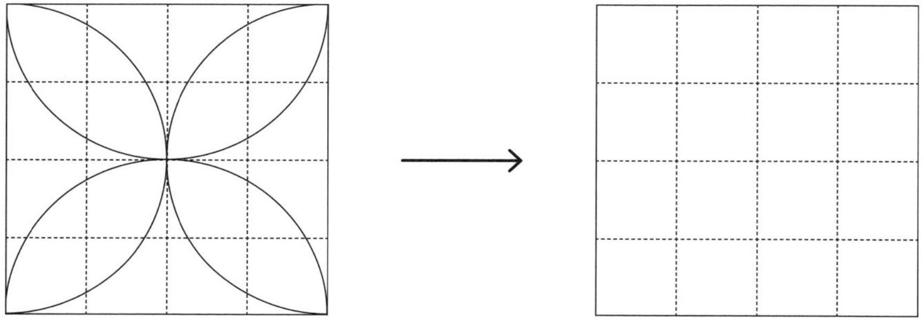

3 家から森公園までと、さくら公園までのきょりをくらべます。

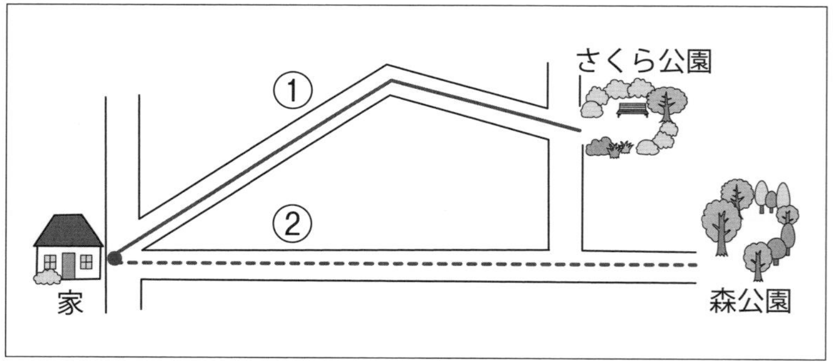

(1) コンパスを使って①を②にうつしとりましょう。（15点）

(2) 家から森公園までと、さくら公園までと、どちらが近いですか。（5点）

（　　　　）

29 かけ算（2けた×1けた）①

学習日 ／

1回目 ／100点　答えは145ページ　2回目 ／100点

1 次(つぎ)の計算をしましょう。（各(かく)4点）

① 42×2

② 23×3

③ 21×4

④ 27×3

⑤ 48×2

⑥ 28×3

⑦ 15×6

⑧ 18×5

⑨ 35×2

⑩ 72×3

⑪ 90×6

⑫ 81×9

⑬ 81×6

⑭ 62×4

⑮ 70×5

⑯ 84×6

⑰ 45×7

⑱ 39×8

⑲ 79×7

⑳ 87×6

㉑ 14×8

㉒ 43×7

2 次の計算を筆算(ひっさん)でしましょう。（各4点）

① 26×8

② 59×9

③ 78×7

30 かけ算（2けた×1けた）②

1 バスに32人ずつのって遠足に行きます。5台で行くと、みんなで何人ですか。（式…10点　答え…5点）

（式(しき)）

答え＿＿＿＿＿＿

2 46まい入りのおり紙が、8ふくろあります。全部(ぜんぶ)で何まいありますか。（式…10点　答え…5点）

（式）

答え＿＿＿＿＿＿

3 山田さんは、1日55ページずつ本を読みます。1週間では、何ページ読めますか。（式…10点　答え…10点）

（式）

答え＿＿＿＿＿＿

4 1辺が20cmの正方形のまわりの長さは何cmですか。（式…10点　答え…10点）

（式）

答え＿＿＿＿＿＿

5 長いロープと短(みじか)いロープがあります。短いロープの長さは、14mです。長いロープの長さは、短いロープの長さの3倍(ばい)です。

長いロープの長さは何mですか。図もかきましょう。（図…10点　式…10点　答え…10点）

〈図〉

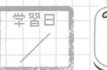

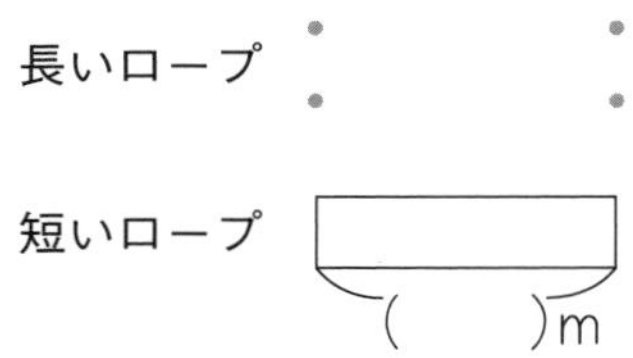

（式）

答え＿＿＿＿＿＿

31 かけ算（3けた×1けた）①

学習日　／

1回目　／100点　答えは145ページ　2回目　／100点

1 次(つぎ)の計算をしましょう。（各(かく)4点）

① 312 × 3

② 402 × 2

③ 210 × 4

④ 438 × 2

⑤ 224 × 4

⑥ 118 × 5

⑦ 263 × 3

⑧ 232 × 4

⑨ 462 × 2

⑩ 152 × 4

⑪ 180 × 4

⑫ 350 × 2

⑬ 116 × 4

⑭ 326 × 3

⑮ 227 × 3

⑯ 397 × 2

⑰ 286 × 3

⑱ 156 × 6

⑲ 175 × 5

⑳ 129 × 6

㉑ 245 × 4

㉒ 758 × 5

2 次の計算を筆算(ひっさん)でしましょう。（各4点）

① 978×4

② 879×8

③ 674×6

32 かけ算（3けた×1けた）②

学習日　／

1回目　／100点

答えは145ページ

2回目　／100点

できた！

1 1こ136円のりんごがあります。4こ買うと、代金は何円ですか。（式…10点　答え…5点）

（式）

答え ＿＿＿＿＿＿＿＿

2 水族館の入場りょうは、子ども1人435円です。5人分は何円ですか。（式…10点　答え…5点）

（式）

答え ＿＿＿＿＿＿＿＿

3 1しゅう346mのトラックを9しゅう走りました。全部で何m走ったことになりますか。（式…10点　答え…5点）

（式）

答え ＿＿＿＿＿＿＿＿

4 1ふくろ583円の米があります。8ふくろ買おうと思いましたが、164円たりません。持っているお金は、何円ですか。（式…15点　答え…10点）

（式）

答え ＿＿＿＿＿＿＿＿

5 950mL入りのジュースが、1本238円で売っています。

① 6本買うと、代金はいくらですか。（式…10点　答え…5点）

（式）

答え ＿＿＿＿＿＿＿＿

② 7本買うと、全部で何mLですか。（式…10点　答え…5点）

（式）

答え ＿＿＿＿＿＿＿＿

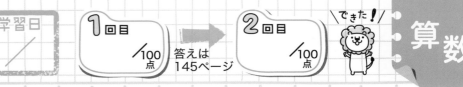

33 表とグラフ ①

学習日 ／

1回目 ／100点　答えは145ページ　2回目 ／100点

1 「すきなくだもの調べ（しら）」をしました。

Ⓐすきなくだもの

りんご	正 止
みかん	止
いちご	正 正 下
もも	下
ぶどう	正 一
かき	T

→

Ⓑすきなくだもの

くだもの	人数(人)
いちご	
りんご	
ぶどう	
みかん	
その他	
合計	

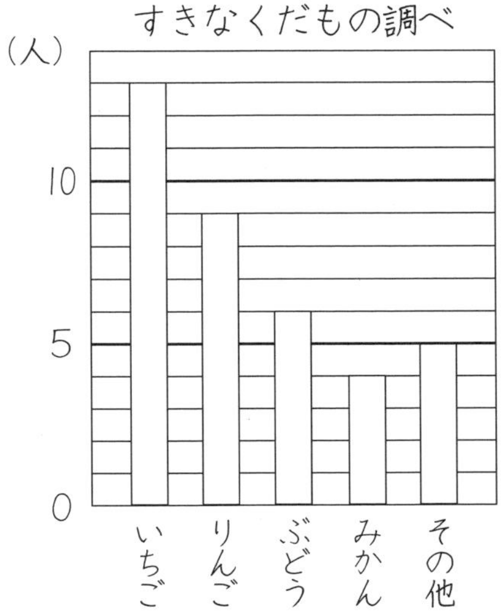

① Ⓐから Ⓑの人数をかき（かく）ましょう。（各4点）

② その他に入れたくだものは何ですか。（各4点）
(　　　　)(　　　　)

③ 左のぼうグラフに色をぬりましょう。（10点）

④ すきな人が一番多いくだものは何ですか。（10点）
(　　　　　　　　)

2 **1**のグラフを見て、ぼうグラフのよいところとして、正しいものには○、まちがっているものには×をつけましょう。（各6点）

① (　　　)それぞれすきなくだものの人数をくらべやすい。

② (　　　)すきなくだもの調べをした人数の合計が、すぐわかる。

③ (　　　)一番すきなくだものがどれか、すぐわかる。

④ (　　　)すきなくだものの多いじゅんがひと目でわかる。

3 次（つぎ）のグラフの1めもりはいくらですか。またグラフを読みましょう。（各12点）

①

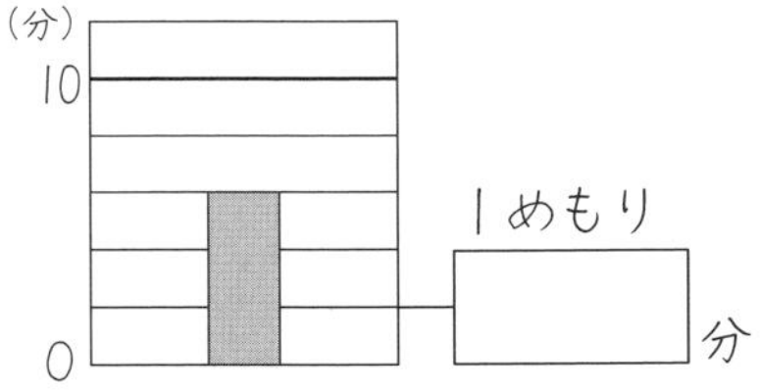

グラフ [　　] 分

②

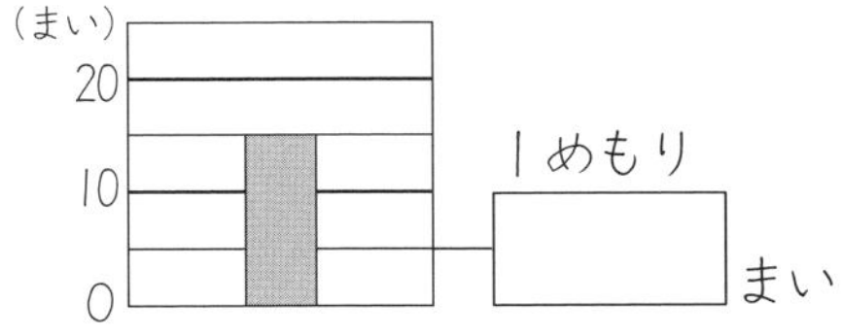

グラフ [　　] まい

34 表とグラフ ②

学習日 ／

1回目 ／100点 → 2回目 ／100点

答えは145ページ

できた！

1 次の表は、かえでさんのクラスの、すきなきゅう食についてまとめたものです。表を見てぼうグラフをかきましょう。

すきなきゅう食調べ

しゅるい	カレーライス	からあげ	うどん	ハンバーグ	その他
人数(人)	12	4	5	9	5

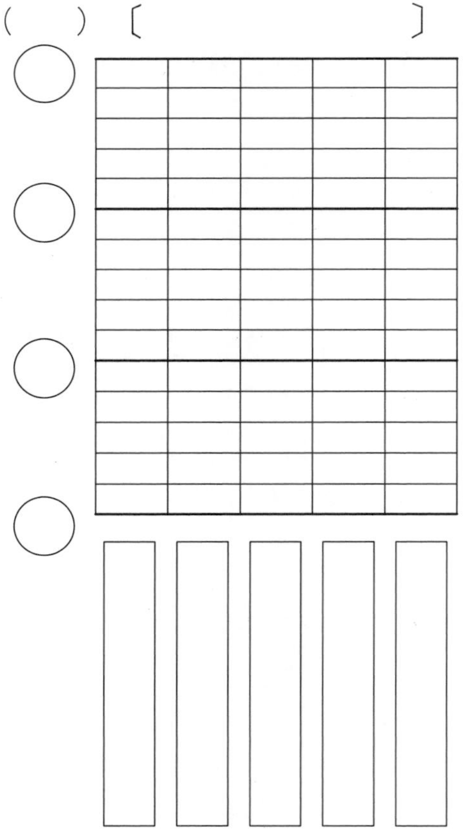

① たてのじくの○にめもりの数字を、（　）にたんいをかきましょう。（各2点）

② 横に多いじゅんにしゅるいをかきましょう。（各3点）

③ 表題をかきましょう。（7点）

④ 人数に合わせてぼうグラフをかきましょう。（各4点）

⑤ すきな人が1番多いきゅう食は何ですか。（8点）

（　　　　　　）

2 次の2つのぼうグラフは、1組と2組のすきなきゅう食調べの人数を表したものです。次の問いに答えましょう。

Ⓐ

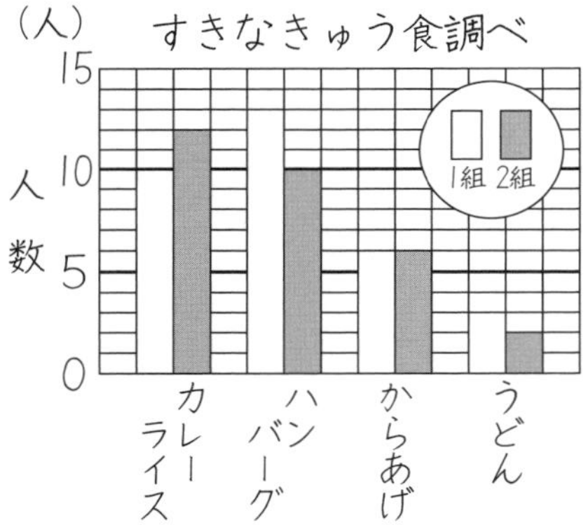

Ⓑ

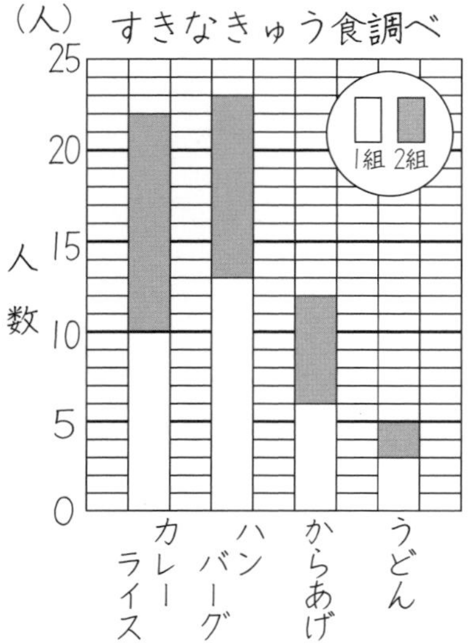

(1) 次の㋐と㋑が読み取りやすいグラフはⒶとⒷのどちらですか。（各8点）

㋐ 1組と2組と合わせて一番すきなきゅう食は何か。〔　　〕

㋑ 1組と2組とそれぞれで一番すきなきゅう食は何か。〔　　〕

(2) (1)のそれぞれの問いに答えましょう。（各8点）

㋐ （　　　　　）

㋑ 1組（　　　　　）

2組（　　　　　）

35 重さ ①

学習日 ／

1回目 ／100点 答えは146ページ 2回目 ／100点

1 次のはかりのア〜オの重さは何gですか。（各5点）

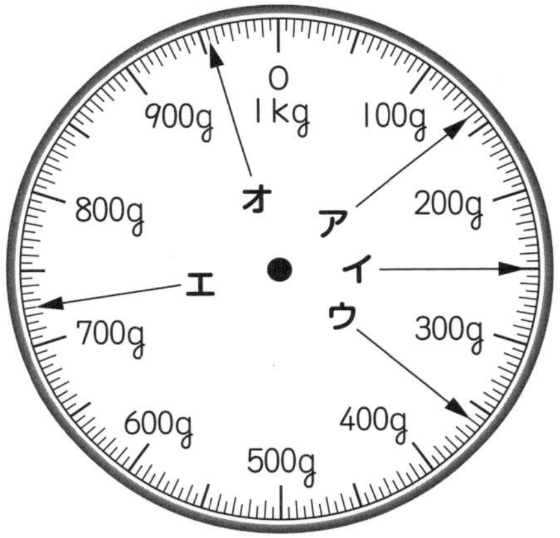

ア（　　　　　）g

イ（　　　　　）g

ウ（　　　　　）g

エ（　　　　　）g

オ（　　　　　）g

2 次のはかりのア〜オの重さは、どれだけですか。（各5点）

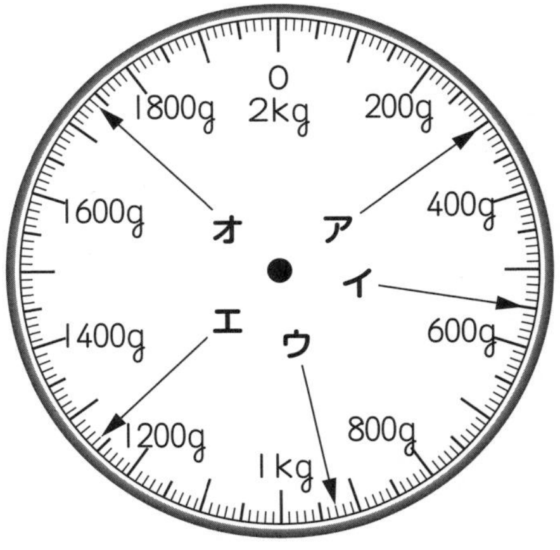

ア ＿＿＿＿＿g

イ ＿＿＿＿＿g

ウ ＿＿＿＿＿g

エ ＿＿＿kg＿＿＿g

オ ＿＿＿kg＿＿＿g

3 次の重さを表すめもりに↑をかきましょう。（各10点）

① 250g

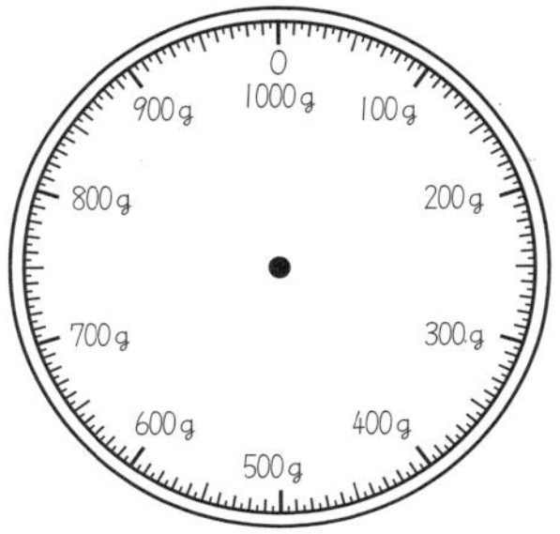

② 540g

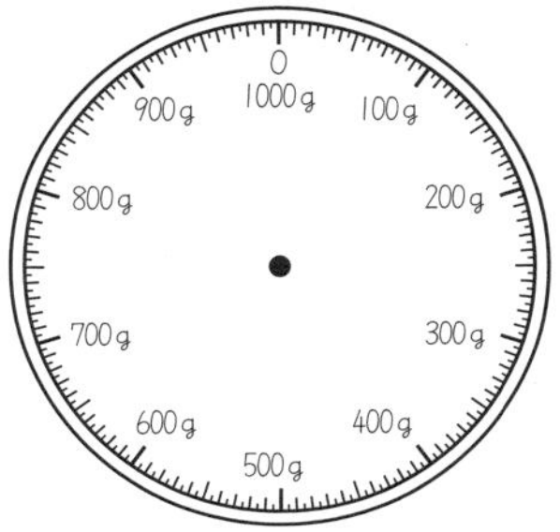

③ 1kg350g

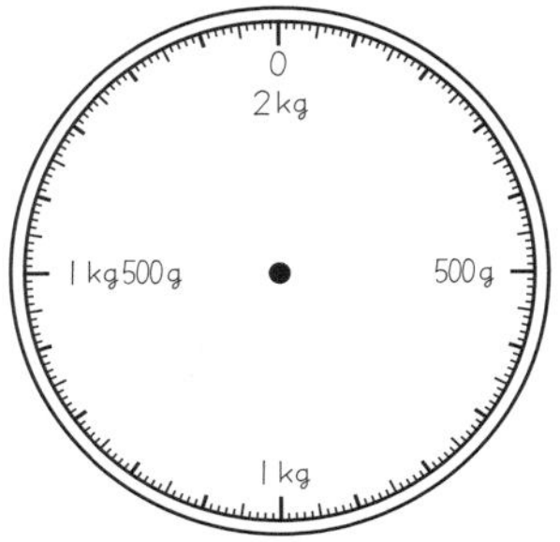

④ 1kg800g

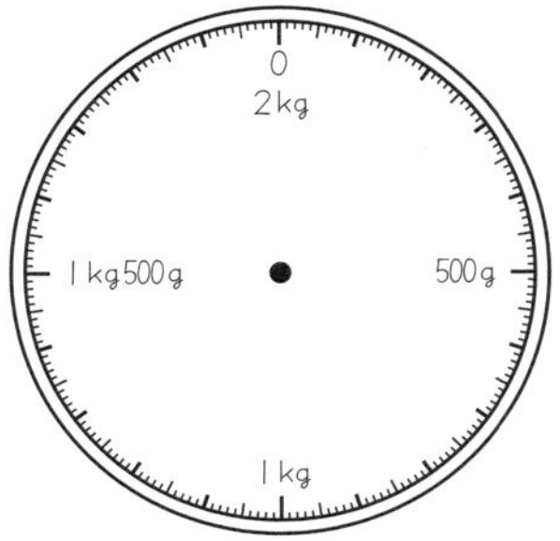

4 次の重さの（　）にあてはまるたんい（g、kg）をかきましょう。（各2点）

① 消しゴム　15（　　）　② 水2L　2（　　）

③ 算数の本 250（　　）　④ りんご　300（　　）

⑤ すもうとり　150（　　）

36 重さ ②

1 てんびんを使って、なし、りんご、かきの重さをはかりました。１番重いものと、１番軽いものを答えましょう。 （各10点）

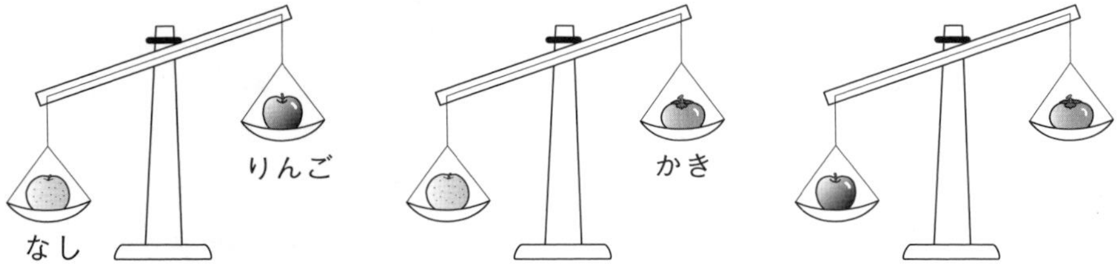

①１番重いもの（　　　）　②１番軽いもの（　　　）

2 次の水のかさの重さをもとめましょう。 （□…各５点）

① 8L＝□kg　② 20L＝□kg

③ 4dL＝□g　④ 6mL＝□g

⑤ 5dL＝□g　⑥ 350mL＝□g

⑦ 5000L＝□kg＝□t

⑧ 7000kg＝□L＝□t

3 重たいものを集めました。

小がた乗用車
やく1t

かば
やく2t

アジアぞう
やく4t

アフリカぞう
やく8t

① 次の重さをくらべて□に不等号（<や>）をかきましょう。 （各５点）

㋐ かば □ アジアぞう

㋑ アフリカぞう □ 小がた乗用車

② 重さをくらべましょう。 （各10点）

㋐ アフリカぞうは、かばの何倍の重さですか。

（　　　）倍

㋑ アジアぞうは、小がた乗用車の何倍の重さですか。

（　　　）倍

37 重さ ③

学習日 ／

1回目 ／100点

答えは146ページ

2回目 ／100点

1 次の重さを右のたんいで表しましょう。（各5点）

① 1kg800g ＝ ＿＿＿＿＿＿ g

② 8kg20g ＝ ＿＿＿＿＿＿ g

③ 5800g ＝ ＿＿＿ kg ＿＿＿ g

④ 8010g ＝ ＿＿＿ kg ＿＿＿ g

⑤ 3000kg ＝ ＿＿＿ t

⑥ 68000kg ＝ ＿＿＿ t

2 次の図を見て、それぞれの重さを答えましょう。（各10点）

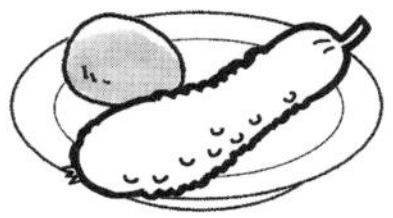

お皿・たまご・きゅうり
310g

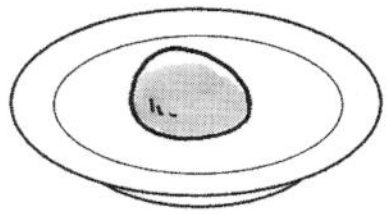

お皿・たまご
180g

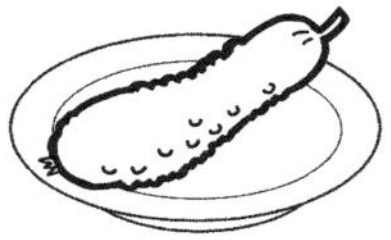

お皿・きゅうり
250g

お皿＿＿＿＿＿＿　たまご＿＿＿＿＿＿　きゅうり＿＿＿＿＿＿

3 次の計算をしましょう。（各5点）

① 40g＋20g＝

② 300g＋200g＝

③ 760g－320g＝

④ 30kg＋40kg＝

⑤ 120kg＋60kg＝

⑥ 300kg－130kg＝

4 次の㋐と㋑ではどちらが重いですか。重い方に○をしましょう。（各5点）

① ㋐（　　）1500gの綿
　 ㋑（　　）1kgの鉄

② ㋐（　　）ゾウが一日に食べた150kgのえさ
　 ㋑（　　）重さ2tのカバ

38 重さ ④

学習日　／

1回目　／100点

答えは146ページ

2回目　／100点

1 重さ300gのざるに、なすを630g入れました。合わせて何gですか。(式…10点　答え…5点)

(式)

答え

2 重さ1050gの箱に、すいかを入れてはかると、2350gです。すいかだけの重さは、何gですか。(式…10点　答え…5点)

(式)

答え

3 兄さんのカメラの重さをはかったら、あと150gで1kgです。カメラの重さは、何gですか。(式…10点　答え…10点)

(式)

答え

4 体重45kgの谷口さんが、体重38kgの山田さんをせおい体重計にのると、はりは何kgをさしますか。(式…10点　答え…10点)

(式)

答え

5 3kg200gお米があります。毎日180gずつ食べると1週間でお米は何kg何gのこりますか。(式…15点　答え…15点)

(式)

答え

39 かけ算（×2けた）①

学習日 ／

1回目 ／100点　答えは146ページ　2回目 ／100点

1 次の計算をしましょう。（各5点）

① 19×46

② 28×24

③ 37×25

④ 79×12

⑤ 29×34

⑥ 36×23

⑦ 26×38

⑧ 16×57

⑨ 48×68

⑩ 96×48

⑪ 95×38

⑫ 36×69

⑬ 76×48

⑭ 68×38

⑮ 28×76

⑯ 47×46

2 次の計算を筆算でしましょう。（各10点）

① 7×68

② 40×57

40 かけ算（×2けた）②

学習日　／

1回目　／100点　答えは146ページ　2回目　／100点

できた！

算数

1 １こ64円のチョコレートを26人分買います。代金は、いくらになりますか。（式…10点　答え…5点）

（式）

答え

2 １箱48こ入りのみかんが、42箱あります。みかんは、全部で何こですか。（式…10点　答え…5点）

（式）

答え

3 93まい入りのおり紙が67セットあります。おり紙は全部で何まいですか。（式…10点　答え…5点）

（式）

答え

4 45cmのリボンを56本作ります。リボンは全部で何m何cmいりますか。（式…10点　答え…5点）

（式）

答え

5 １本78円のえん筆を２ダース買います。2000円だすと、おつりはいくらですか。（式…10点　答え…10点）

（式）

答え

6 キャンディーが、１ふくろに５こ入って、100円で売っています。このキャンディー25こ分の代金はいくらですか。（式…10点　答え…10点）

（式）

答え

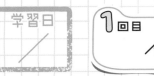

41 かけ算（×2けた）③

学習日　／

1回目　／100点　答えは146ページ　2回目　／100点

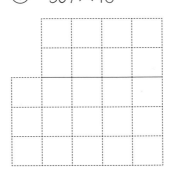

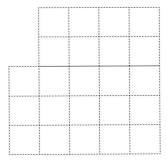

1 次(つぎ)の計算をしましょう。（各(かく)6点）

① 75 × 48

② 35 × 69

③ 13 × 89

④ 93 × 34

⑤ 94 × 48

⑥ 27 × 76

⑦ 37 × 57

⑧ 47 × 64

⑨ 49 × 46

2 次の計算をしましょう。（各(かく)5点）

① 864 × 49

② 746 × 68

③ 974 × 46

④ 725 × 35

⑤ 874 × 76

⑥ 284 × 53

3 次の計算を筆算(ひっさん)でしましょう。（各8点）

① 507×48

② 609×70

42 かけ算（×２けた）④

学習日 ／

１回目 ／100点

答えは146ページ

２回目 ／100点

1 １しゅう23mの池を15しゅう走ります。何m走ることになりますか。　（式…10点　答え…5点）

（式）

答え ＿＿＿＿＿＿＿＿

2 12人で１つのグループを作ります。42グループできました。全部で何人いますか。　（式…10点　答え…5点）

（式）

答え ＿＿＿＿＿＿＿＿

3 １つ650gのくまのぬいぐるみが、15こあります。全体の重さは何gですか。　（式…10点　答え…5点）

（式）

答え ＿＿＿＿＿＿＿＿

4 赤のテープで、14cmの長さのテープを36本作ります。青のテープで、25cmの長さのテープを20本作ります。どちらのテープが何cm長くなりますか。　（式…15点　答え…10点）

（式）

答え ＿＿＿＿＿＿＿＿

5 ３年生の子ども68人と先生４人で遠足に行きます。

電車代は子ども１人85円で、大人は子どもの運ちんの２倍です。

電車代は、全部で何円いりますか。　（式…15点　答え…15点）

（式）

答え ＿＿＿＿＿＿＿＿

43 □を使った式 ①

学習日　／

1回目　／100点　答えは147ページ　2回目　／100点

1 次の□の数をもとめましょう。（各5点）

① □＋25＝46　② 28－□＝15

③ 6×□＝60　④ □÷8＝9

2 テープ図と□を使った式をかきましょう。（　）には数字をかきます。（図…4点　式…12点）

① かごにみかんが60こ入っています。そこへ何こか入れたので、100こになりました。

〈テープ図〉

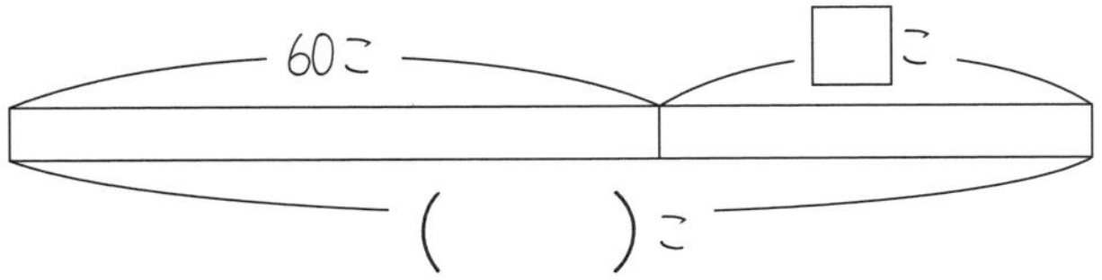

（式）＿＿＿＿＿＿＿＿

② パンを何こか売っています。昼までに70こ売れたので、のこりは30こです。

〈テープ図〉

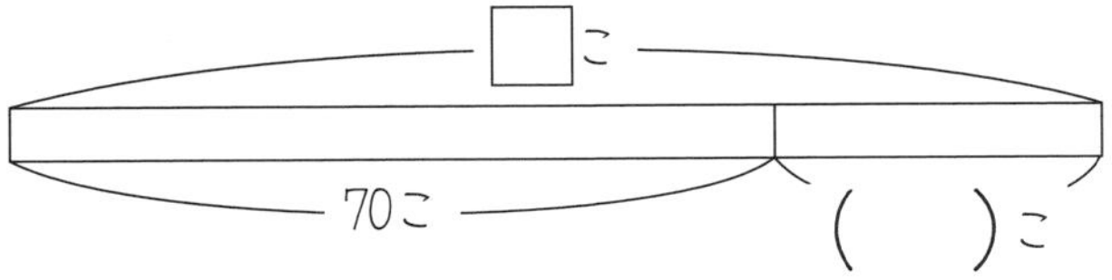

（式）＿＿＿＿＿＿＿＿

3 次の文を読んで、□を使った式をかきましょう。（各12点）

① えんぴつを15本持っていました。兄から□本もらったので、全部で35本になりました。

（式）＿＿＿＿＿＿＿＿

② 色紙を□まい持っていました。妹に7まいあげたので、のこりは35まいになりました。

（式）＿＿＿＿＿＿＿＿

③ クッキーが□こずつ入った箱が6箱あります。クッキーは全部で48こありました。

（式）＿＿＿＿＿＿＿＿

④ 40dLのサラダ油を、1本□dLずつびんに入れると、びんは8本できました。

（式）＿＿＿＿＿＿＿＿

44 □を使った式 ②

学習日 ／

1回目 ／100点　答えは147ページ　2回目 ／100点　できた！

次の文を読んで、テープ図と式をかいて、答えをもとめましょう。（　　）には数字をかきます。

① たなにパンが42こあります。そこへ何こかおいたので、60こになりました。何こおきましたか。

（図…5点　式・答え…20点）

〈テープ図〉

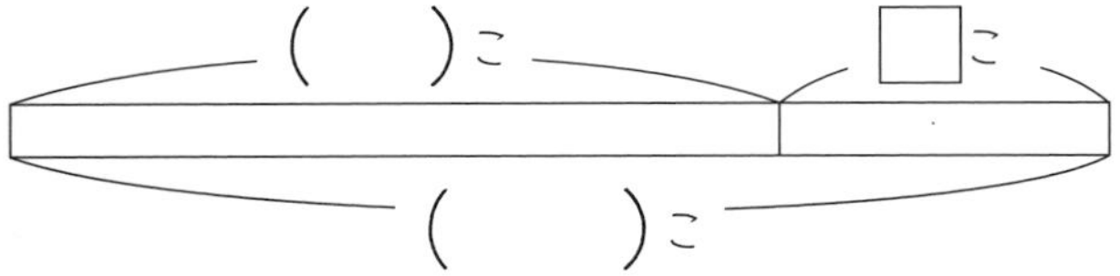

（式）

答え ＿＿＿＿＿＿＿＿

② 花のなえが何本かあります。そのうち40本植えたので、のこりは15本です。はじめ、何本ありましたか。

（図…5点　式・答え…20点）

〈テープ図〉

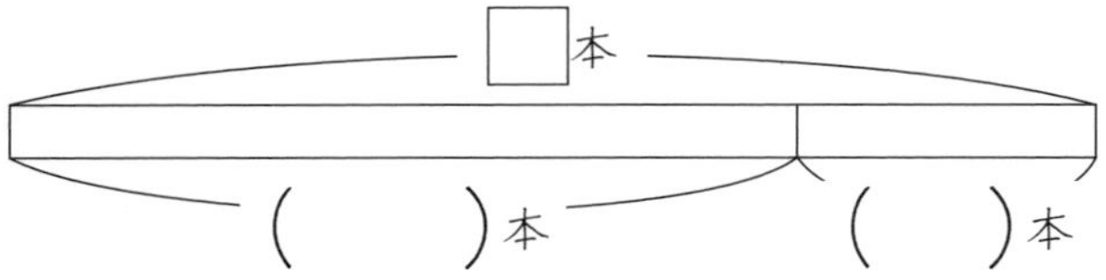

（式）

答え ＿＿＿＿＿＿＿＿

③ 魚のカードを何まいか持っていました。友だちから18まいもらったので、42まいになりました。はじめ何まい持っていましたか。

（図…5点　式・答え…20点）

〈テープ図〉

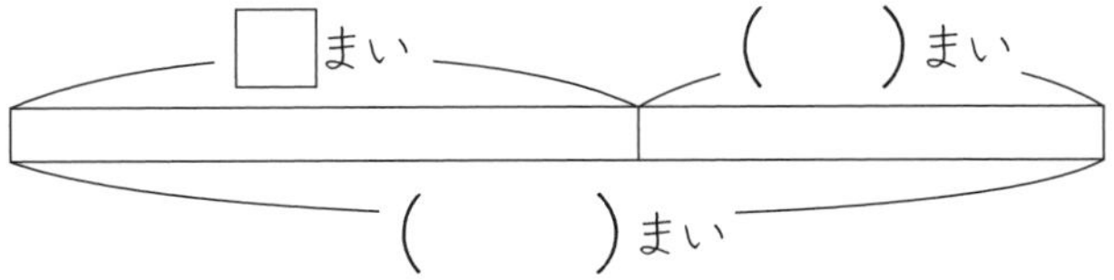

（式）

答え ＿＿＿＿＿＿＿＿

④ 船のカードを63まい持っていました。友だちに何まいかあげたので、のこりが53まいになりました。友だちに何まいあげましたか。

（図…5点　式・答え…20点）

〈テープ図〉

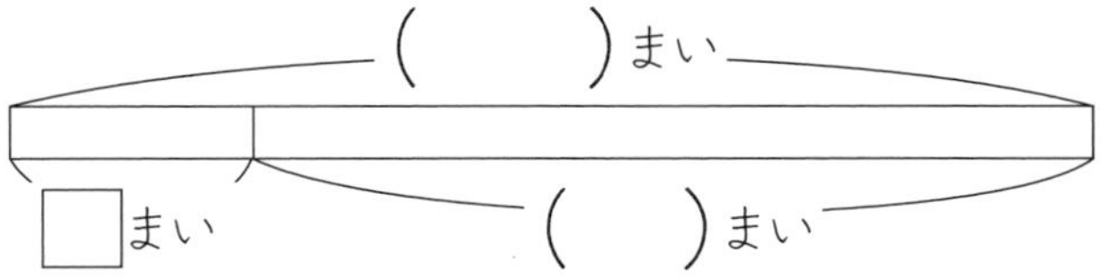

（式）

答え ＿＿＿＿＿＿＿＿

45 □を使った式 ③

学習日 ／

1回目 ／100点　答えは147ページ　2回目 ／100点

1 1箱9本入りの色えんぴつは、何箱かあると、45本になります。色えんぴつは、何箱ありますか。

① □を使った式（10点）

② □の数をもとめましょう。（15点）

（式）

答え

2 何こかあるトマトを8人で同じ数ずつ分けると、1人分は4こになります。トマトは全部で何こありますか。

① □を使った式（10点）

② □の数をもとめましょう。（15点）

（式）

答え

3 同じりょうが入った牛にゅうびんが、10本あります。牛にゅうは全部で60dLです。1本に何dL入っていますか。

① □を使った式（10点）

② □の数をもとめましょう。（15点）

（式）

答え

4 48まいのカードを、何人かに同じ数ずつ配ると、1人分は8まいになります。何人に配りましたか。

① □を使った式（10点）

② □の数をもとめましょう。（15点）

（式）

答え

46 □を使った式 ④

学習日 /

1回目 /100点　答えは147ページ　2回目 /100点

1 くりひろいに行ってきました。近所の家、4けんに同じ数ずつ分けると、1けん分は12こになりました。くりは何こひろってきましたか。

① □を使った式 (10点)

____

② □の数をもとめましょう。(15点)

(式)

答え ________________

2 色紙を35まい持っていました。姉から何まいかもらったので、50まいになりました。姉から何まいもらいましたか。

① □を使った式 (10点)

____

② □の数をもとめましょう。(15点)

(式)

答え ________________

3 動物のカードを何まいか持っていました。弟に14まいあげたので38まいになりました。はじめ何まい持っていましたか。

① □を使った式 (10点)

____

② □の数をもとめましょう。(15点)

(式)

答え ________________

4 クッキーが、同じ数ずつ入ったふくろが6ふくろあります。クッキーは全部で48こです。1ふくろに何こ入っていますか。

① □を使った式 (10点)

____

② □の数をもとめましょう。(15点)

(式)

答え ________________

1 草花を育てよう ①たねまきとめばえ

学習日 ／

1回目 ／100点

答えは147ページ

2回目 ／100点

1 ホウセンカのたねまきをしました。（各(かく)10点）

(1) 正しいまき方に○をつけましょう。

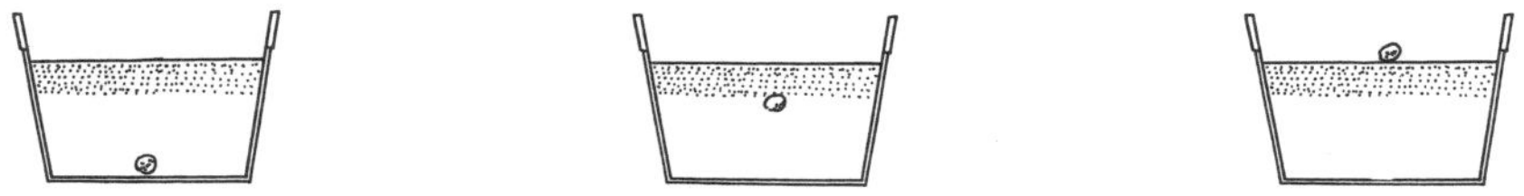

①（　　）　②（　　）　③（　　）

(2) たねをまいて土をかけたあとは、どんなことをしますか。正しいものに○をつけましょう。

①（　　）ひりょうを入れる。

②（　　）水をかける。

(3) たねまきのあと、下のようなふだを立てました。ふさわしいものを１つえらんで○をつけましょう。

①（　　）　②（　　）　③（　　）

2 図の名前を［　］からえらび、かきましょう。（各８点）

（①　　　　）

（②　　　　）

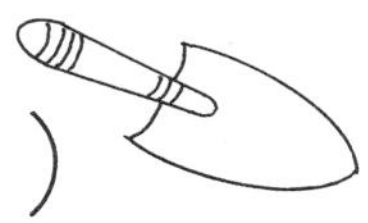

［いしょくごて　じょうろ］

3 図は、草花のたねです。たねの名前を［　］からえらび、かきましょう。（各６点）

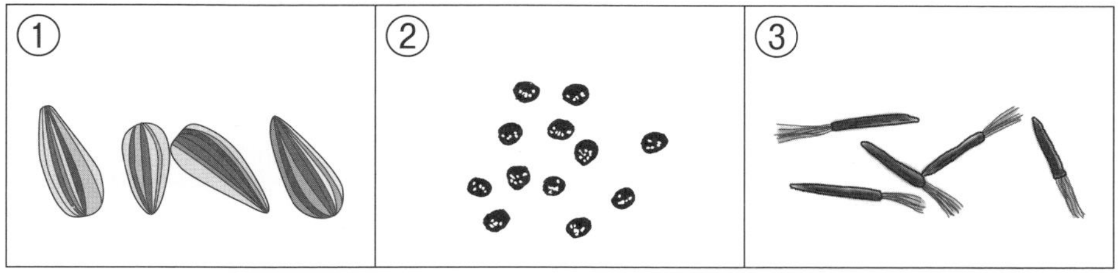

（　　　　）（　　　　）（　　　　）

［ホウセンカ　ヒマワリ　マリーゴールド］

4 次(つぎ)の図は、マリーゴールドのめが出て、育(そだ)つようすをかいたものです。

(1) （　　）にめ、子葉(しよう)、本葉(ほんば)をかきましょう。（各６点）

あ（　　　　）　い（　　　　）　う（　　　　）

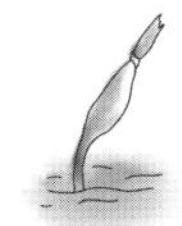

(2) 育つじゅんに記号(きごう)をならべましょう。（各６点）

（　　→　　→　　）

2 草花を育てよう ②たねまきとめばえ

学習日 /

1回目 /100点 → 2回目 /100点

答えは147ページ

できた！

理科

1 次の(　　)にあてはまる言葉を［　］からえらび、かきましょう。（各8点）

(1) たねをまく前には、土をよく(①　　　　　)、ひりょうをまぜておきます。

たねをまいたら、水を(②　　　　　)やり、そのあとは、土が(③　　　　　)ように水やりをします。

そして、たねまきのあと、植物の名前、(④　　　　)、自分の名前をかいた(⑤　　　　　)を立てます。

［ かわかない　　日づけ　　ふだ　　たっぷり　　たがやして ］

(2) 植物のたねをまくと、やがて(①　　　　　)が出て(②　　　　　)がひらきます。しばらくすると(③　　　　　)が出てきます。

［ 本葉　　子葉　　め ］

2 次の図は、たねのまき方をかいたものです。（各8点）

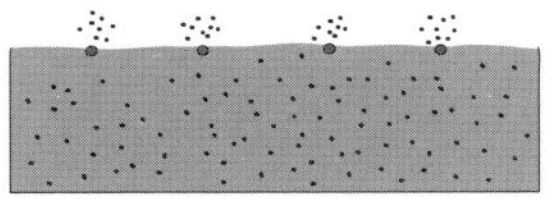

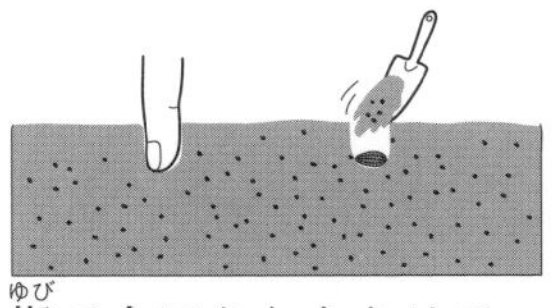

あ たねをまき、土を少しかける。　　い 指で土にあなをあけて、たねをまき、土をかける。

(1) ヒマワリのたねのまき方は、あといのどちらがよいですか。　(　　)

(2) (1)はなぜですか。
(　　　　　　　　　　　　　　　　)

3 次の記ろくカードを見て、答えましょう。（各5点）

ホウセンカの育ち方
5月2日くもり　(あ　　　)
高さ　1cmくらい
子葉の色　黄緑色

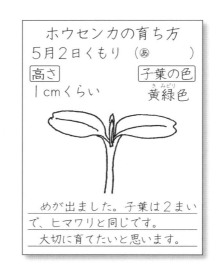

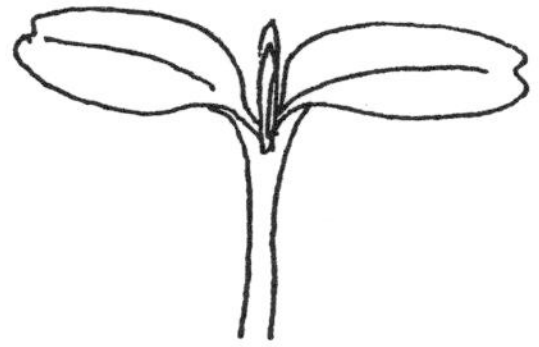

めが出ました。子葉は2まいで、ヒマワリと同じです。
大切に育てたいと思います。

(1) あには何をかきますか。
(　　　　　　　　)

(2) 草たけは何cmくらいですか。
(　　　　　　　　)

(3) 子葉の色は何色ですか。
(　　　　　　　　)

(4) 何について調べましたか。
(　　　　　　　　)

3 草花を育てよう ③植物の育ちとつくり

学習日　／

1回目　／100点

答えは147ページ

2回目　／100点

できた！

1 次の図を見て、(　　)にあてはまる言葉を［　］からえらび、かきましょう。(各10点)

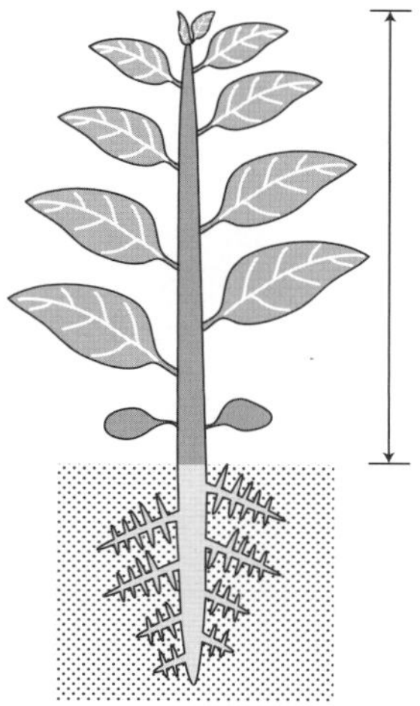

植物のからだは、根、くき、葉からできています。

葉は(①　　　)についており、(②　　　)は、土の中にあります。

また、植物のせの高さを(③　　　)といい、葉のまい数がふえるとともに、高くなっていきます。

植物の根のはたらきは、(④　　　　)をすいあげることとからだを(⑤　　　　)ことです。からだが大きく育つと、土の中の(⑥　　　　)もしっかりと育ちます。

ささえる　　草たけ　　根　　くき　　水

(二度使うものがあります)

2 次の文は、なえを植えかえるときにすることをかいたものです。どのようなじゅんじょで行いますか。行うじゅんに、(　　)に数字をかきましょう。(各10点)

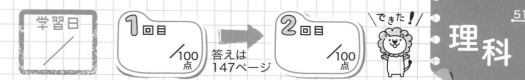

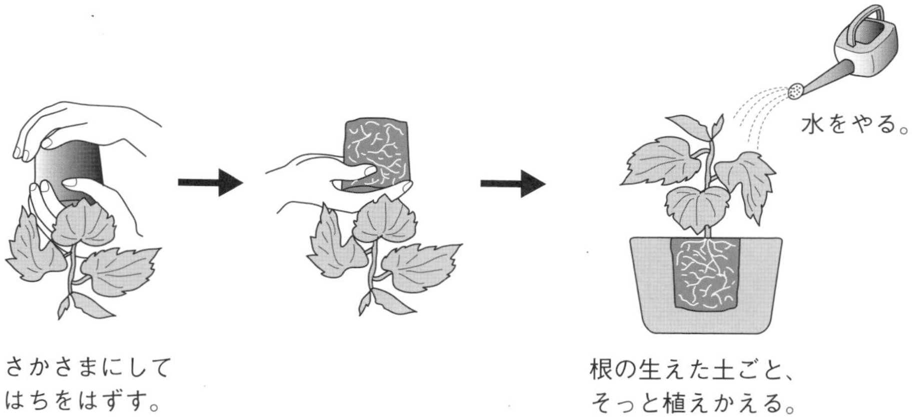
水をやる。
さかさまにして
はちをはずす。
根の生えた土ごと、
そっと植えかえる。

① (　　) 根の生えた土ごと、そっと植えかえる。

② (　　) 水をやる。

③ (　　) 植えかえる花だんなどの土をたがやして、ひりょうをまぜる。

④ (　　) 植えかえる土が入るくらいのあなをほる。

4 草花を育てよう ④植物の育ちとつくり

学習日 ／

1回目 ／100点　答えは148ページ　2回目 ／100点

できた！

理科

1 次(つぎ)の図はかんさつの記(き)ろくです。あとの問(と)いに答えましょう。（各(かく)10点）

ホウセンカのからだのつくり
6月18日　くもり　上田さやか

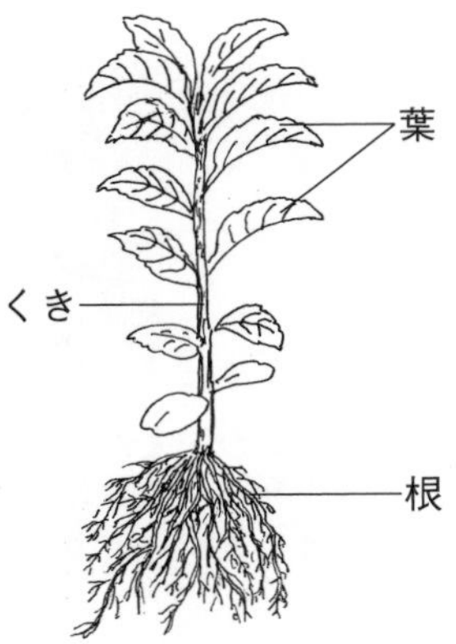

高さ17cmくらいになったホウセンカをとって調べました。土の中には、根が広がっていました。

(1) ホウセンカの何を調(しら)べましたか。

（　　　　　　　）

(2) 記ろくをかいた日は、いつですか。

（　　　　　　　）

(3) ホウセンカのからだは、いくつの部分(ぶぶん)に分かれていますか。

（　　　つ）

(4) 分かれている部分の名前を、図を見てかきましょう。（全部合って20点）

（　　　，　　　，　　　）

2 次のホウセンカのかんさつ記ろくを見て、あとの問いに答えましょう。（（　）…各10点）

㋐

ホウセンカの子葉
（　月　日）上田さやか

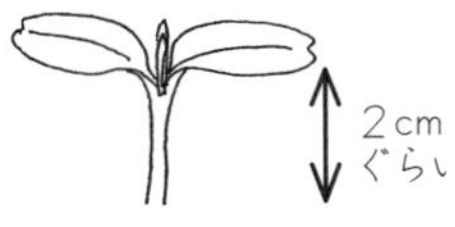

（見つけたこと）
黄緑の色の丸い葉が2まい出てきた。
（考えたこと）
新しい葉も見える。

㋑

ホウセンカの□
（　月　日）上田さやか

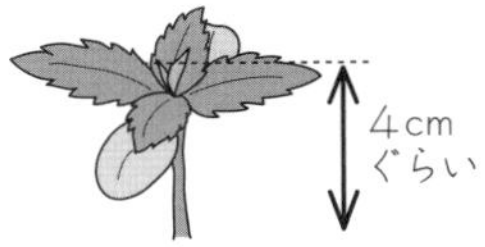

葉が4まいになったので、花だんに植えかえた。
（見つけたこと）
くきも太くなってきた。

㋒

どんどん育つホウセンカ
（　月　日）上田さやか

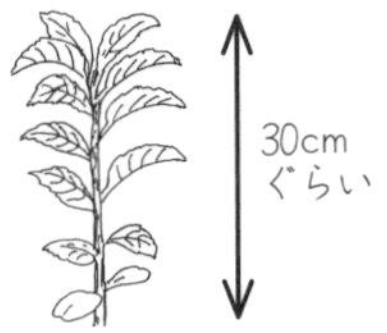

（見つけたこと）
葉の数は、ずいぶんふえてくきもかなり太くなってきた。

(1) ㋐～㋒のかんさつした日はどれですか。（　）に㋐～㋒の記号(きごう)をかきましょう。

4月27日（　　）　7月1日（　　）

5月8日（　　）

(2) 右の図は、㋑、㋒の根(ね)を表(あらわ)したものです。それぞれどちらですか。（　）に記号をかきましょう。

①（　　）

②（　　）

5 草花を育てよう ⑤植物の一生

学習日 ／

1回目 ／100点 → 答えは148ページ → 2回目 ／100点 できた！

1 次(つぎ)の(　　)にあてはまる言葉(ことば)を［　］からえらび、かきましょう。（各(かく)6点）

植物(しょくぶつ)は、たねをまくと、めが出て(①　　　　　)が開(ひら)きます。そのあとに本葉(ほんば)が出てきます。

やがて、くきがのびて、葉がしげり(②　　　　　)がさきます。花がさいたあと、(③　　　　　)ができます。実(み)の中にはたくさんの(④　　　　　)ができています。そして植物は、(⑤　　　　　)いきます。

これが植物の一生です。

［子葉(しよう)　かれて　花　たね　実］

2 花のたねはどれですか。［　］からえらび、記号(きごう)でかきましょう。（各7点）

ホウセンカ

アサガオ

マリーゴールド

ヒマワリ

①(　　　　) ②(　　　　) ③(　　　　) ④(　　　　)

［㋐ 　㋑ 　㋒ 　㋓ ］

3 次の図の(　　)にあてはまる言葉を［　］からえらび、かきましょう。（各6点）

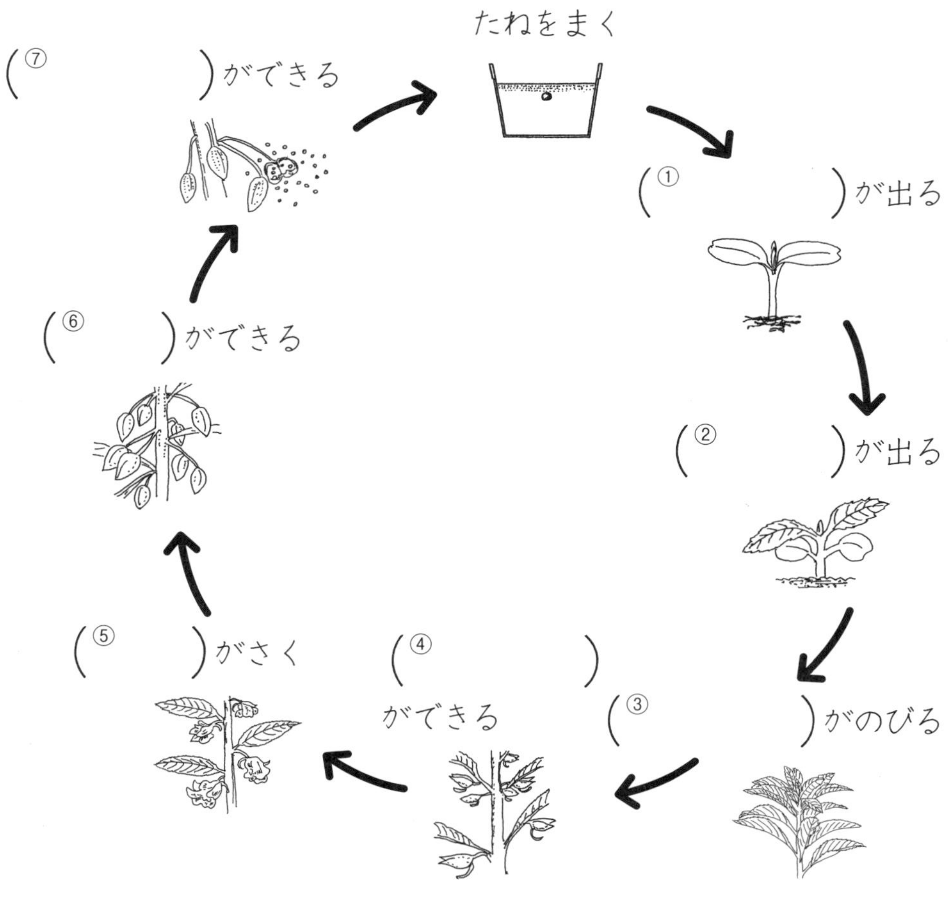

［花　つぼみ　実　草たけ　本葉　子葉　たね］

6 草花を育てよう ⑥植物の一生・虫めがねの使い方

学習日 ／

1回目 ／100点 答えは148ページ 2回目 ／100点

＼できた！／

1 図はホウセンカのたねまきから実ができるまでのようすを表したものです。

㋐ ㋑ ㋒ ㋓

(1) 次の文は、ホウセンカの記ろくカードにかかれていたものです。㋐～㋓のどのようすについてかいたものですか。記号をかきましょう。 (各10点)

① めが出ました。子葉は2まいです。 (　　)

② 花がさいたあとに実ができました。実をさわるとはじけておもしろいです。 (　　)

③ 葉がたくさん出てきました。葉は細長くてぎざぎざしています。 (　　)

④ 赤い花がたくさんさきました。 (　　)

(2) 6月14日と9月11日の記ろくカードは図の㋑、㋓のどちらですか。 (各10点)

6月14日(　　)　9月11日(　　)

(3) 図の㋓のあには、何が入っていますか。 (10点)

(　　　　)

2 次の文は、虫めがねの使い方についてかいてあります。次の(　　)にあてはまる言葉を［　　］からえらび、かきましょう。 (各5点)

手に持ったものを見るときは、(①　　　)を(②　　　)に近づけておいて、はっきり見えるところで(③　　　)を止めます。

(④　　　)が動かせないときは、(⑤　　　)を動かして、はっきり見えるところで止めます。また、虫めがねで太陽を見ると、(⑥　　　)をいためるのでぜったいにしないでください。

虫めがね	見るもの	目

(二度使うものがあります)

7 チョウを育てよう ①育ち方

学習日 ／

1回目 ／100点　答えは148ページ　2回目 ／100点

答えは148ページ

できた！

1 次の（　）にあてはまる言葉を［　］からえらび、かきましょう。（（　）…各５点）

(1) モンシロチョウのたまごは、（①　　　　）やアブラナの葉のうらで見つけられます。たまごの色は（②　　　　）で（③　　　　）形をしています。

［黄色　細長い　キャベツ］

(2) アゲハのたまごは、サンショウや（①　　　　）の木の葉をさがすと見つけられます。たまごの色は、（②　　　　）で（③　　　　）形をしています。

［ミカン　黄色　丸い］

(3) モンシロチョウのたまごから出てきた（①　　　　）の色は（②　　　　）で、キャベツなどの葉を（③　　　　）ように食べて、からだの色は（④　　　　）にかわります。

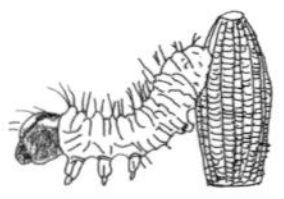

［かじる　緑色　黄色　よう虫］

2 モンシロチョウの一生を、図のように表しました。あとの問いに答えましょう。

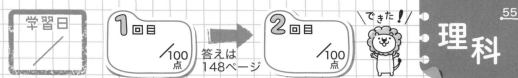

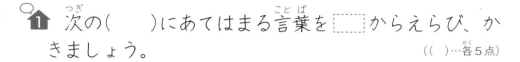

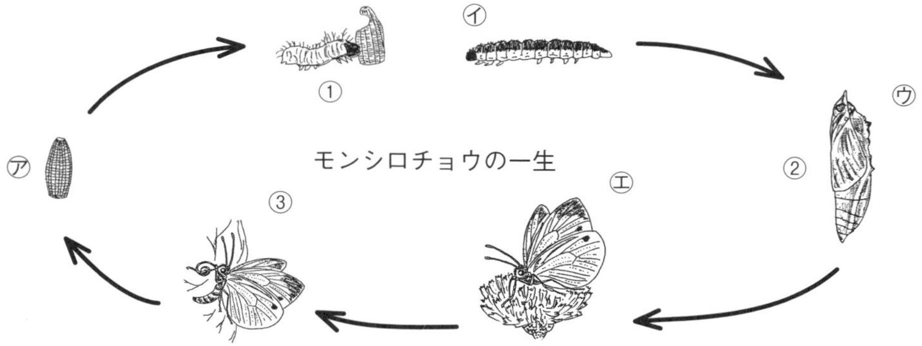

(1) ㋐～㋓のそれぞれの名前は何ですか。（各５点）

㋐（　　　　）　㋑（　　　　）

㋒（　　　　）　㋓（　　　　）

(2) 図の①～③について、答えましょう。（各10点）

①は何をしていますか。（　　　　）

②のとき、食べ物を食べますか。

（　　　　）

③でたまごをうんでいます。たまごをうむのは、ミカンの葉ですか、それともキャベツの葉ですか。

（　　　　）

8 チョウを育てよう ②からだ

学習日 /

1回目 /100点　答えは148ページ　2回目 /100点

できた！

1 モンシロチョウとアゲハについて、答えましょう。

（（　）…各5点）

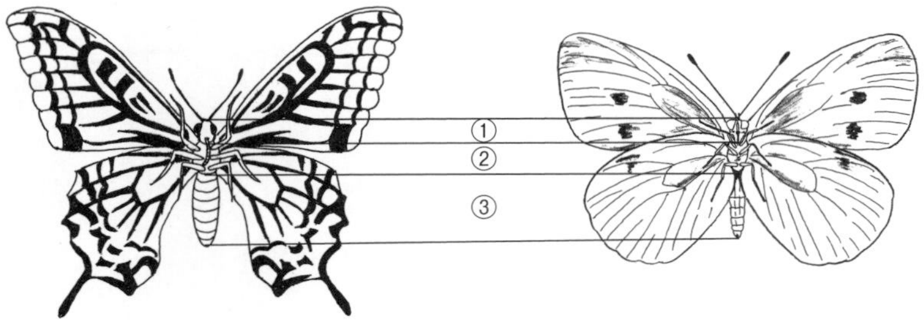

㋐（　　　　　）　㋑（　　　　　）

(1) チョウの名前を㋐、㋑にかきましょう。

(2) 図の①～③の名前を［　］からえらびましょう。

①（　　　　）②（　　　　）

③（　　　　）

［頭　はら　むね］

(3) チョウのあしの数とはねの数をかきましょう。

あし（　　本）　はね（　　まい）

(4) チョウのあしやはねは、からだのどの部分についていますか。

（　　　　）

2 次の（　）にあてはまる言葉を［　］からえらび、かきましょう。

（各6点）

(1) チョウのからだは、（①　　　）、（②　　　）、はらの３つの部分に分かれています。口は、㋐でみつをすうために（③　　　）のような形をしています。また、（④　　　）の口は、㋑であり（⑤　　　）などを食べるので（⑥　　　）になっています。

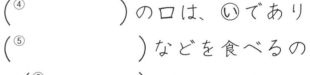

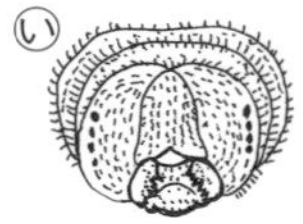

［頭　むね　はら　かむ口　ストロー　キャベツの葉　よう虫］

(2) チョウは、（①　　　）や（②　　　）をはたらかせて、（③　　　）をさがしたり、まわりの（④　　　）を感じとったりしています。

［目　きけん　しょっ角　食べ物］

9 こん虫を調べよう ①からだ

学習日　／

1回目　／100点　答えは148ページ　2回目　／100点

できた！

1 次の(　　)にあてはまる言葉を[　]からえらび、かきましょう。（各6点）

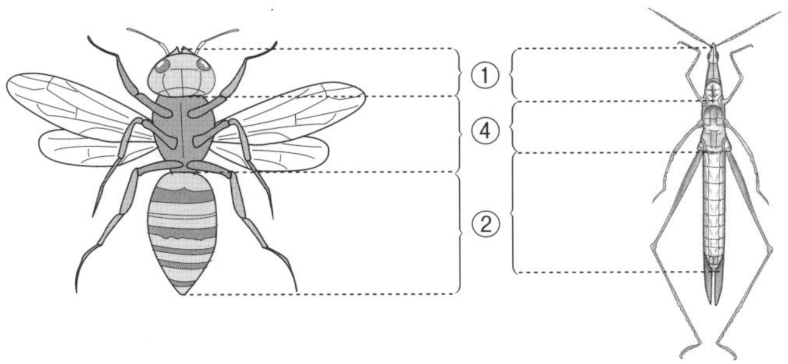

こん虫のからだは、(①　　　　)、むね、(②　　　　)の3つの部分からできています。あしの数は(③　　　　)で、からだの(④　　　　)の部分についています。

ハチにははねが(⑤　　　　)ありますが、ハエのようにはねが(⑥　　　　)のこん虫や、アリのようにはねが(⑦　　　　)こん虫もいます。

頭	むね	はら	6本	ない
2まい	4まい			

（二度使うものがあります）

2 図を見て、あとの問いに答えましょう。

(1)　①〜③の部分の名前を[　]からえらび、かきましょう。（各6点）

①(　　　　)

②(　　　　)

③(　　　　)

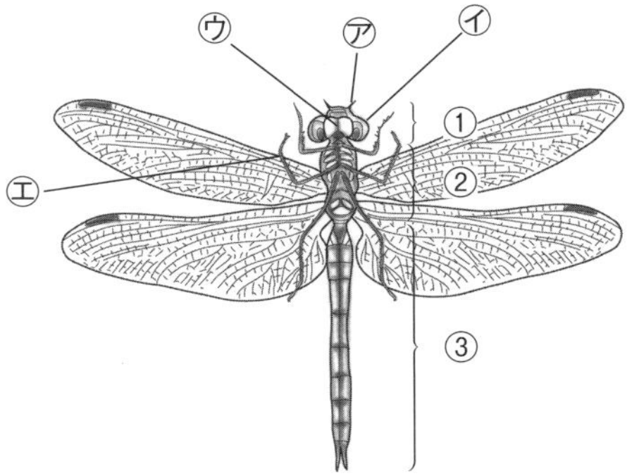

(2)　㋐〜㋓の名前と、その数もかきましょう。（各10点）

㋐(　　　　が　　　本)

㋑(　　　　が　　　こ)

㋒(　　　　が　　　こ)

㋓(　　　　が　　　本)

あし	むね	2	目	1	しょっ角
6	頭	はら	口		

（二度使うものがあります）

10 こん虫を調べよう ②からだ

学習日 ／

1回目 ／100点　答えは148ページ　2回目 ／100点

1 次の図は、こん虫の口を表しています。こん虫の口の形を次の3つに分け、(　　)に番号をかきましょう。（各5点）

①　すう　　②　なめる　　③　かむ

㋐ セミ
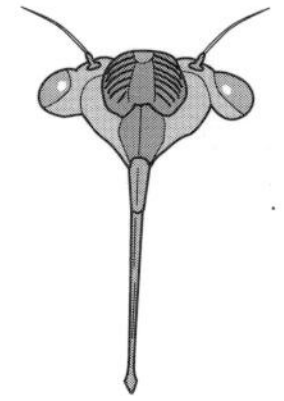
(　　　　)

㋑ カマキリ
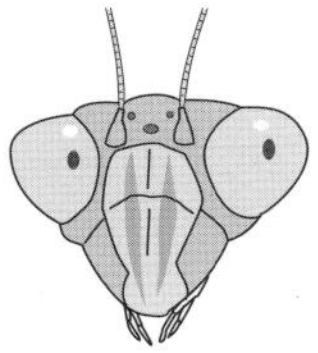
(　　　　)

㋒ カブトムシ
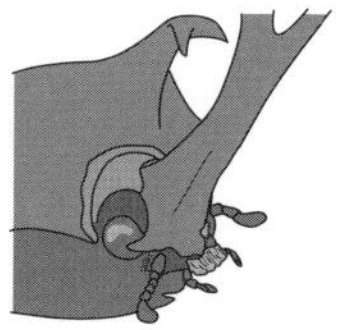
(　　　　)

㋓ バッタ
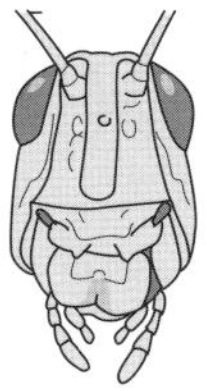
(　　　　)

㋔ トンボ
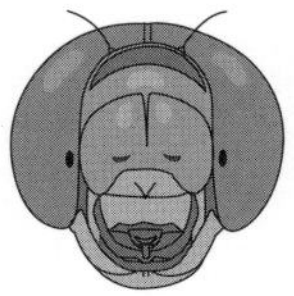
(　　　　)

㋕ チョウ
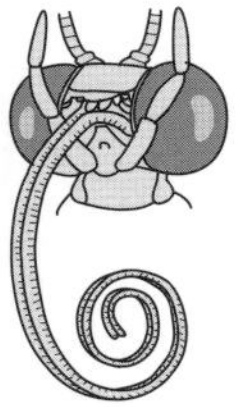
(　　　　)

㋖ カミキリムシ
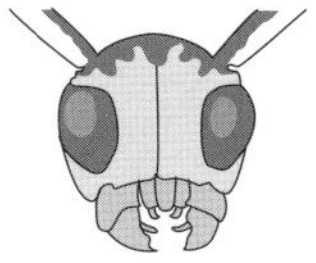
(　　　　)

㋗ ハエ
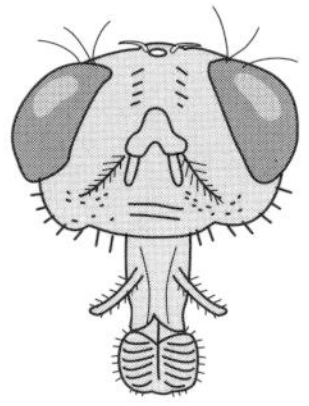
(　　　　)

2 次の生き物のうち、こん虫をえらび、下の□に番号で答えましょう。（各5点）

①

②

③

④

⑤

⑥

⑦

⑧
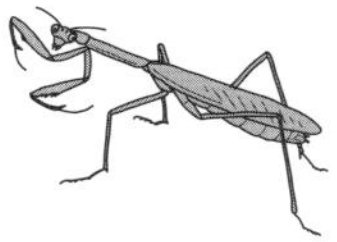

□ □ □ □ □ □

3 次の図は、こん虫のあしを表しています。あしのとくちょうを3つに分け、(　　)に番号をかきましょう。（各10点）

㋐　カマキリ
(　　　)

㋑　セミ
(　　　)
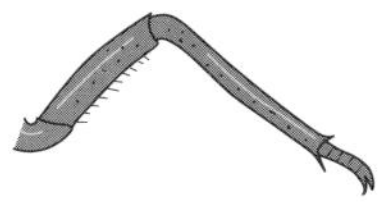

㋒　バッタ
(　　　)
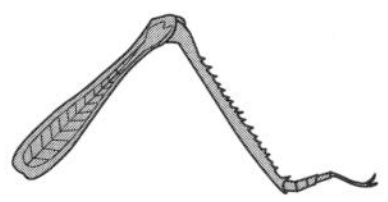

①強くとぶ　②木につかまる　③えものをとらえる

11 こん虫を調べよう ③育ち方

学習日 ／

1回目 ／100点　2回目 ／100点

答えは148ページ

できた！

理科

1 次の(　　)にあてはまる言葉を　からえらび、かきましょう。（各8点）

(1) 秋の終わりに(①　　　)の中にうみつけられたショウリョウバッタのたまごは、冬をこして、5～6月ごろに(②　　　)になります。

かえったばかりのショウリョウバッタのよう虫は、はねが短く小さいですが、(③　　　)とよくにた形をしています。何回か(④　　　)、夏には、せい虫になります。

土　　よう虫
皮をぬいで　　せい虫

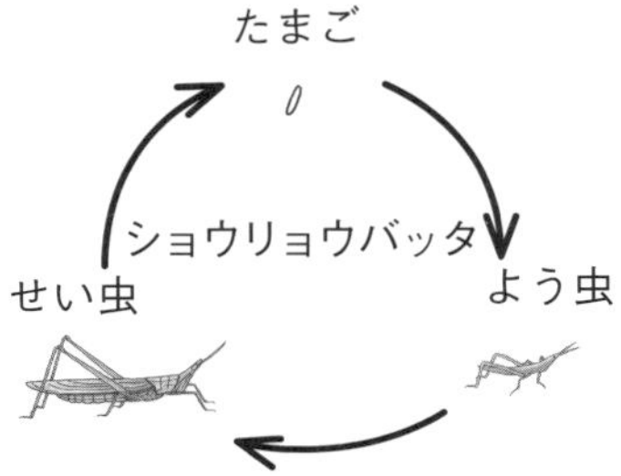

(2) ショウリョウバッタの一生と、にた一生をするこん虫に(①　　　)や(②　　　)がいます。トンボのよう虫は(③　　　)の中ですごし、セミのよう虫は(④　　　)の中ですごします。

トンボ　　セミ　　土　　水

2 次の(　　)にあてはまる言葉を　からえらび、かきましょう。（各6点）

カブトムシはたまごを、(①　　　)のまじった土の中にうみつけます。

たまごがかえると(②　　　)になります。(②)は、くさった葉のまじった土や、やわらかいかれた木などを食べて大きくなります。頭の部分が茶色で、ほかの部分は白い色をしています。何度か(③　　　)大きくなり、やがてさなぎになります。

さなぎの色は、はじめは(④　　　)ですが、だいだい色、茶色となり、やがて(⑤　　　)になります。そして、さなぎのからがわれて、中から、カブトムシの(⑥　　　)が出てきます。カブトムシの一生はチョウの一生とにています。

くさった葉　　皮をぬいで
せい虫　　よう虫
白色　　黒色

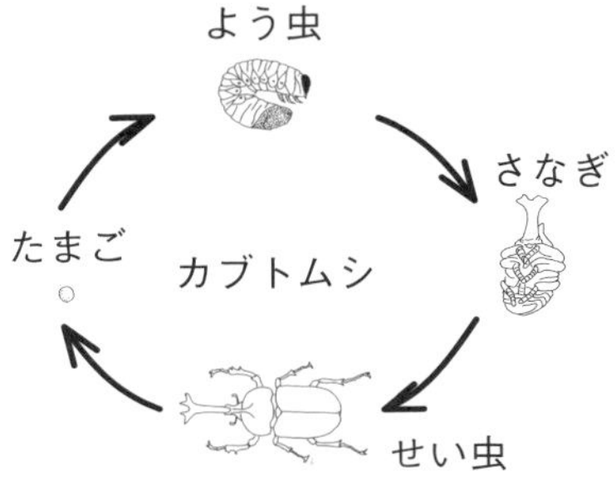

12 こん虫を調べよう ④くらし

学習日　／

1回目　／100点　答えは148ページ　2回目　／100点　できた！

理科

1 次の(　　)にあてはまる言葉を[　]からえらび、かきましょう。　(( )…各6点)

(1) こん虫のからだの(①　　　　)や(②　　　　)や大きさは、しゅるいによってちがいます。すんでいるところや(③　　　　)も、しゅるいによって(④　　　　)。

色　食べ物　形　ちがいます

(2) 草の中に(①　　　　)を見つけました。(①)は(②　　　　)や石のかげにすんでいます。草やほかの(③　　　　)を食べています。

草　エンマコオロギ　虫

(3) (①　　　　)の中でタイコウチを見つけました。大きさはやく(②　　　　)ぐらいで、こん虫をつかまえて食べます。からだの色は(③　　　　)をしています。

水　4cm　こげ茶色

2 次の(　　)にあてはまる言葉を[　]からえらび、かきましょう。　(各8点)

野原にすむトノサマバッタのからだの色は、ふつう(①　　　　)ですが、草の少ない地面にいるものは、(②　　　　)をしています。これは、まわりの色にまじって、(③　　　　)から身をかくしているのです。

また、からだのとく長は、(④　　　　)がとくにじょうぶで、大きく(⑤　　　　)することができます。

茶色　緑色　後ろあし　ジャンプ　てき

1 次の(　　)にあてはまる言葉を［　］からえらび、かきましょう。 （(　)…各6点）

(1) かんさつに出かけるときに、じゅんびをする物は、かんさつ内ようを記ろくする(①　　　　)、(②　　　　)、デジタルカメラなどがあります。また、虫をつかまえるための(③　　　)や、つかまえた虫を入れる(④　　　)、虫の細かい部分をかんさつする(⑤　　　)などもあればべんりです。

虫かご　あみ　筆記用具　虫めがね
かんさつカード

(2) 見つけた生き物は(①　　　　)などを使って、くわしくかんさつします。カードには絵も使って(②　　)、(③　　)、(④　　　)など生き物のようすをくわしくかきます。また、わかったことや、自分の(⑤　　　　)もかいておきます。

思ったこと　形　色　大きさ　虫めがね

2 チューリップをかんさつし、カードに記ろくしました。図の(　　)にあてはまる言葉を、［　］からえらび、かきましょう。 （各10点）

(①　　　　)をかく。

(②　　　　)をかく。

(③　　　　)をかく。

調べたことや
(④　　　　)
を絵や文でかく。

チューリップのようす　花だん
4月23日　午前10時　（晴れ）
上田ますみ

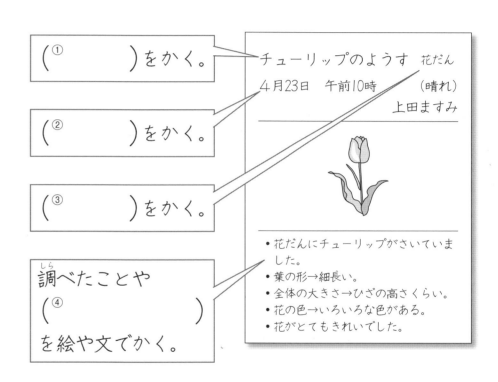

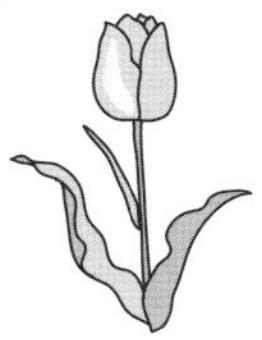

- 花だんにチューリップがさいていました。
- 葉の形→細長い。
- 全体の大きさ→ひざの高さくらい。
- 花の色→いろいろな色がある。
- 花がとてもきれいでした。

日時　場所　気づいたこと　題名

14 身近なしぜん ②植物やこん虫

学習日 ／

1回目 ／100点　答えは149ページ　2回目 ／100点　できた！

1 次の(　　)にあてはまる言葉を□からえらび、かきましょう。（各8点）

植物は、日光がなくては育ちません。そこで、それぞれの植物がどのようにして(①　　　　)を多く受けるか、きそいあっています。

タンポポとハルジオンの(②　　　　)のちがいを見ると、ハルジオンの方がせが(③　　　　)て、日光をよく受けられそうです。

ところが、(④　　　　)が通るところでは、くきがおられてしまい、(⑤　　　　)は大きく育ちません。

タンポポは葉と根がとても(⑥　　　　)で人や車にふまれてもかれたりしません。

それで、(⑦　　　　)は人や車の通る道の近い場所に、(⑧　　　　)は人や車がやってこない野原のおくの方に育っています。

ハルジオン	タンポポ	草たけ	高く
人や車	じょうぶ	日光	

（二度使うものがあります）

2 次の文は、いろいろな生き物についてかかれています。(　　)にあてはまる言葉を□からえらび、かきましょう。（(　)…各6点）

(1) ダンゴ虫は、ブロックや石の下にたくさんいました。(①　　　　)ところをこのんで、すんでいます。

ナナホシテントウが、カラスノエンドウにいた(②　　　　)を食べていました。ナナホシテントウの色は(③　　　　)で目立ちました。

だいだい色	暗い	アブラムシ

(2) モンシロチョウが、アブラナの花にとまっていました。長い(①　　　　)のような口で花の(②　　　　)をすっていました。

木のみきにクワガタがいました。木のみきから出る(③　　　　)をすっていました。

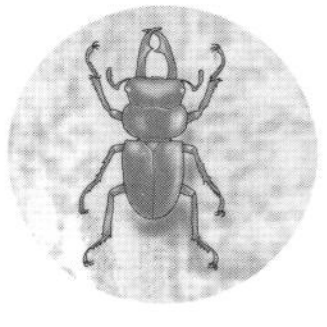

木のしる	ストロー	みつ

15 かげと太陽 ①太陽の動きとかげのでき方

学習日 ／　　1回目 ／100点　　答えは149ページ　　2回目 ／100点　　できた！

1 次の(　　)にあてはまる言葉を[　　]からえらび、かきましょう。　(( )…各7点)

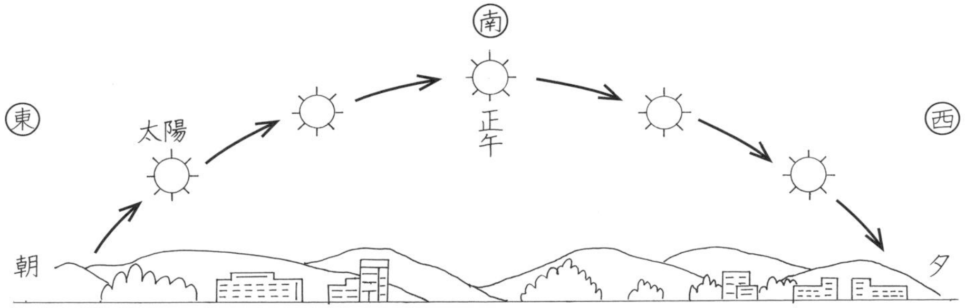

(1) 太陽は(①　　　)の空から出て(②　　　)の高いところを通り、(③　　　)にしずみます。
(④　　　)が動くとかげの向きもかわります。

[太陽　東　西　南]

(2) かげは、(①　　　)をさえぎるものがあると太陽の(②　　　)にできます。日時計は、太陽が動くと(③　　　)の向きがかわることをりようしたものです。かげの向きで(④　　　)を読みとります。

[かげ　時こく　反対がわ　日光]

2 絵を見て、あとの問いに答えましょう。　(( )…各4点)

(1) かげの向きが正しくない人が2人います。何番と何番ですか。
(　　　)(　　　)

(2) かげのできない人が2人います。何番と何番ですか。
(　　　)(　　　)

(3) 木のかげは、このあと矢じるし(⬋)の方向へ動きます。たてもののかげは、このあと㋐、㋑のどちらへ動きますか。
(　　　)

3 それぞれの方位(東・西・南・北)をかきましょう。　(( )…各3点)

①
(　　　)(　　　)

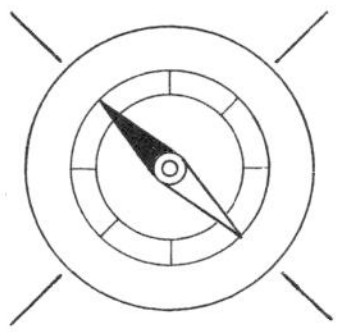

(　　　)(　　　)

②
(　　　)(　　　)

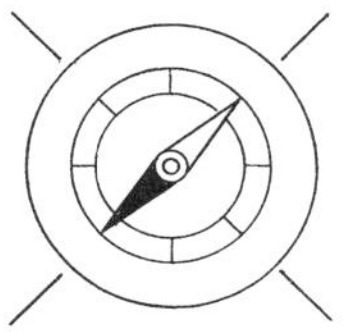

(　　　)(　　　)

16 かげと太陽 ②日なたと日かげ

1

図のように、日なたと日かげの地面(じめん)のようすのちがいを調(しら)べました。((　)…各(かく)10点)

(1)　㋐と㋑とどちらがあたたかいですか。　(　　　　)

(2)　地面のあたたかさのちがいを、はっきりさせるために何か道具(どうぐ)を使(つか)います。図Ⓘの道具の名前をかきましょう。

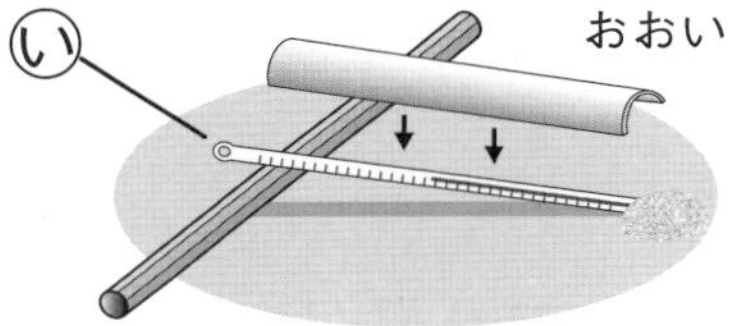

(　　　　　　　　)

(3)　次(つぎ)の(　　)にあてはまる言葉(ことば)を［　］からえらび、かきましょう。

日なたは、(①　　　　)があたるので、日かげより明るく、地面は(②　　　　)います。

［ かわいて　　日光 ］

(4)　図Ⓐは午前10時のかげです。午後になると㋐の部分(ぶぶん)は、日なたのままですか。それとも日かげになりますか。　(　　　　　　　　)

2

日なたと日かげの地面の温(おん)度(ど)を右のように記(き)ろくしました。次の(　　)にあてはまる言葉を［　］からえらび、かきましょう。　((　)…各5点)

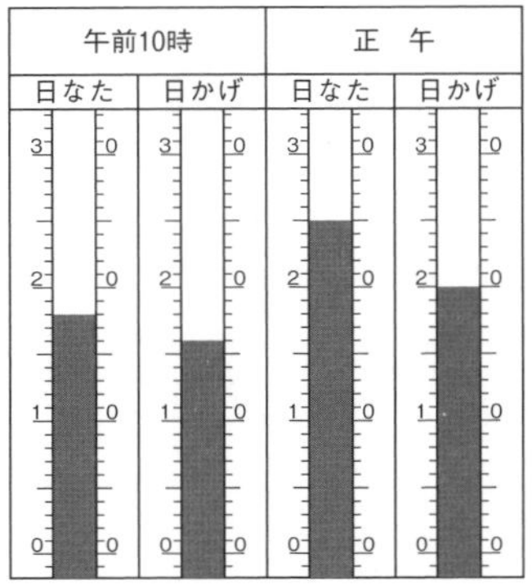

(1)　(①　　　　)を使って午前(②　　　　)と、(③　　　　)の(④　　　　)の温度を記ろくしました。

［ 正午　　10時　　温度計　　地面 ］

(2)　午前10時の日なたの温度は(①　　　　)、日かげの温度は(②　　　　)です。

正午の(③　　　　)の温度は25℃、(④　　　　)の温度は20℃です。

地面は(⑤　　　　)によってあたためられるから、日なたの方が日かげよりも地面の温度が(⑥　　　　)なります。

［ 高く　　日かげ　　日なた
16℃　　18℃　　日光 ］

答えは149ページ

17 光であそぼう ①光の進み方

1 かがみで日光をはね返して、かべにうつしています。次の（　）にあてはまる言葉を［　］からえらび、かきましょう。　（（　）…各10点）

(1) かがみで（①　　　）をはね返すことができ、その光はまっすぐ進みます。そして、光のあたったところは（②　　　）なります。

太陽を直せつ見ると（③　　　）をいためます。だから、はね返った光を、人の（③）にあてではいけません。

［ 目　日光　明るく ］

(2) 丸いかがみで日光をはね返すと（①　　　）く、四角いかがみなら（②　　　）く、三角のかがみなら（③　　　）にうつります。

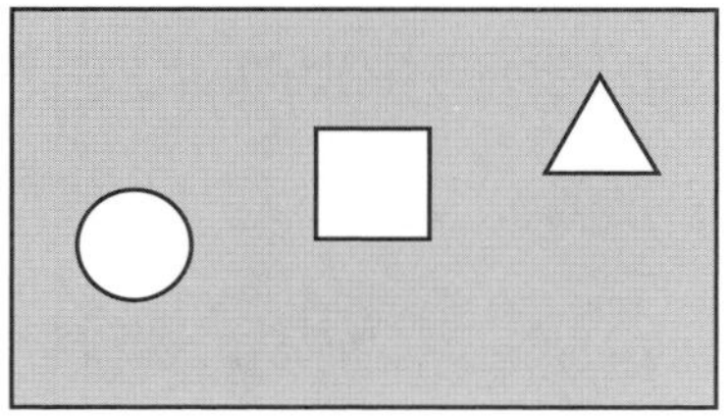

［ 四角　三角　丸 ］

2 次の（　）にあてはまる言葉を［　］からえらび、かきましょう。　（各10点）

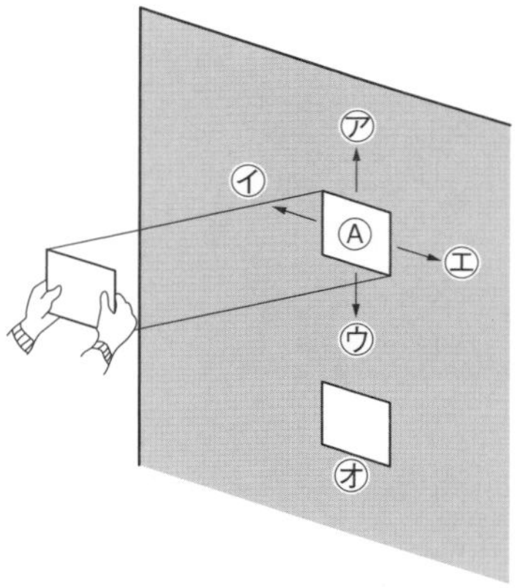

左図でかがみを上に向けるとⒶは（①　　　）の方向に動き、右にかたむけるとⒶは（②　　　）の方向に動きます。

Ⓐをオのところに動かすには、かがみを（③　　　）にかたむけます。

［ 下　ア　エ ］

3 下図のように光の通り道にあきかんをおきました。ア〜ウの図で正しいかげの図はどれですか。　（10点）

（　　　）

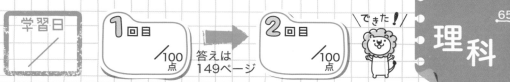

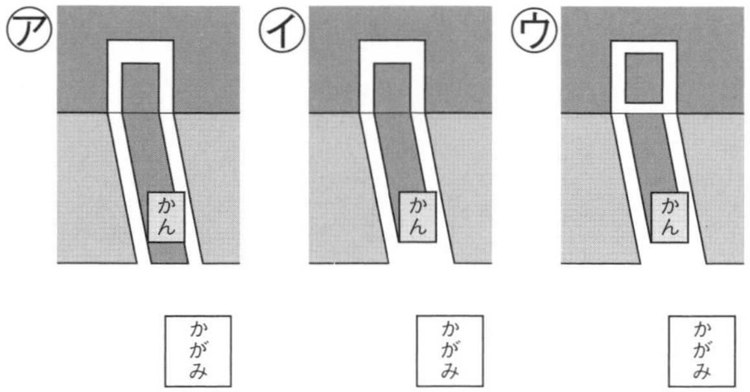

18 光であそぼう ②光を集める

1 かがみを使い、光をはね返しています。(　　)にあてはまる言葉を［　］からえらび、かきましょう。(各8点)

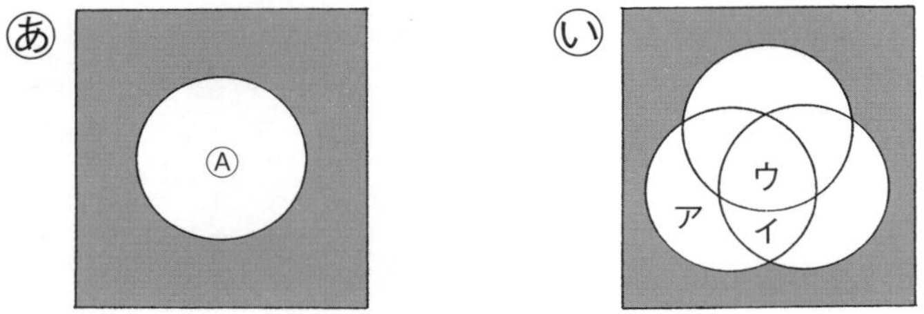

図のあは(①　　　　)かがみが(②　　　　)まいで、図のいは丸いかがみが(③　　　　)まいのときの図です。

図あのⒶと同じ明るさは図いでは(④　　　　)です。またイはかがみ(⑤　　　　)まい、ウは(⑥　　　　)まいで光をはね返したときの明るさです。

光のはね返しを集めるほど(⑦　　　　)なり、温度は(⑧　　　　)なります。

1	2	3	高く	明るく
ア	丸い			

(二度使うものがあります)

2 虫めがねで日光を集めています。(　　)にあてはまる言葉を［　］からえらび、かきましょう。(各6点)

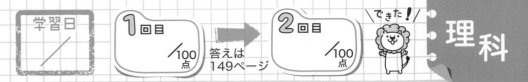

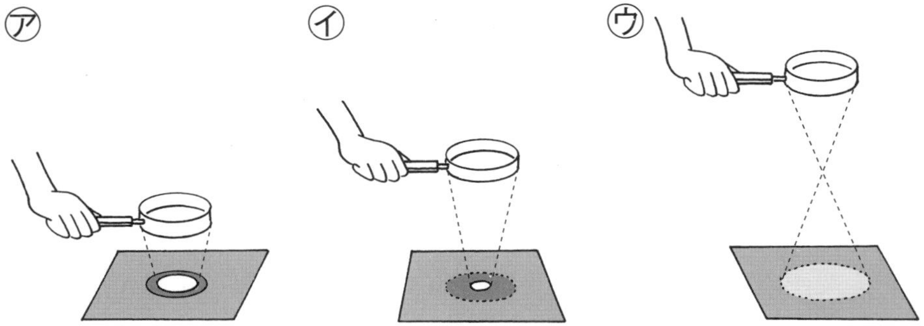

アの虫めがねを紙から遠ざけていくと、明るいところは(①　　　　)なります。明るいところは、小さいほど、その温度は(②　　　　)なります。

イの虫めがねをさらにウのように遠ざけていくと明るいところは、また(③　　　　)なります。

大きい虫めがねは、(④　　　　)を多く集めるので、小さい虫めがねより明るさは、(⑤　　　　)なります。

また、その温度は(⑥　　　　)なります。

高く	大きく	小さく	日光	明るく

(二度使うものがあります)

19 明かりをつけよう ①明かりのつけ方

学習日 ／

1回目 ／100点　答えは149ページ　2回目 ／100点　できた！

1 明かりをつけるものを集めました。図を見て（　　）にあてはまる言葉を［　］からえらび、かきましょう。（各10点）

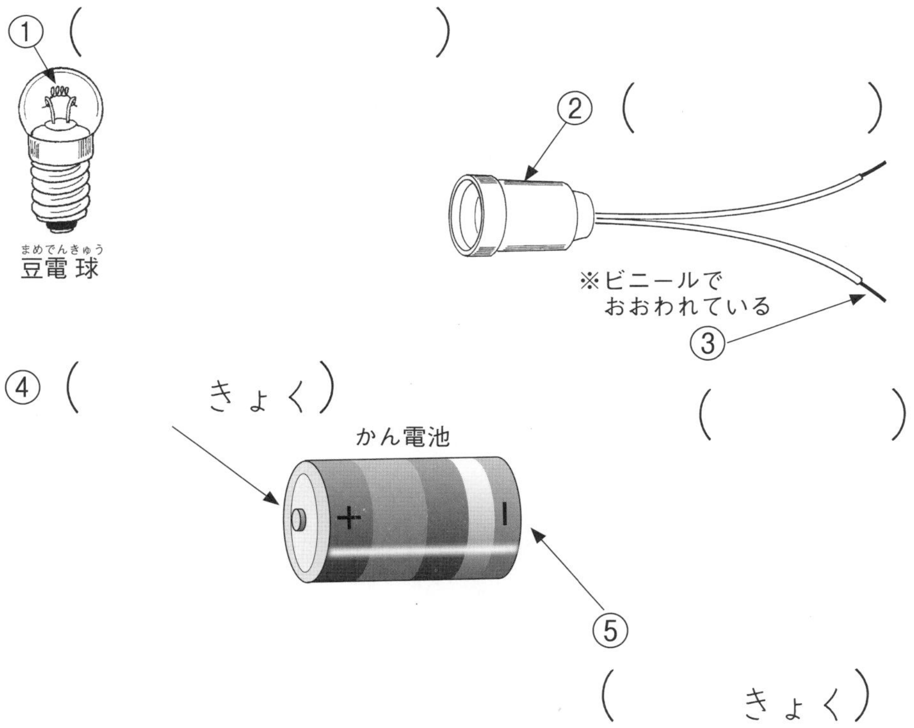

［ソケット　フィラメント　＋　－　どう線］

2 図を見て、（　　）にあてはまる言葉を［　］からえらび、かきましょう。（各10点）

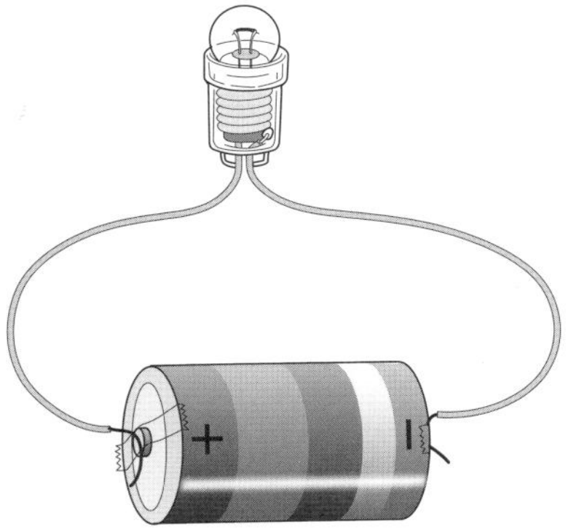

かん電池の（①　　　）きょく、豆電球、かん電池の－きょくを（②　　　　）でつなぐと、電気の（③　　　　）ができます。すると、電気が（①）から出て、豆電球の中の（④　　　　）を通り、かん電池の－きょくへと流れます。この（③）のことを（⑤　　　　）といいます。

［どう線　通り道　フィラメント　＋　回路］

20 明かりをつけよう ②明かりのつけ方

1 図を見て、（　　）にあてはまる言葉を［　］からえらび、かきましょう。（各10点）

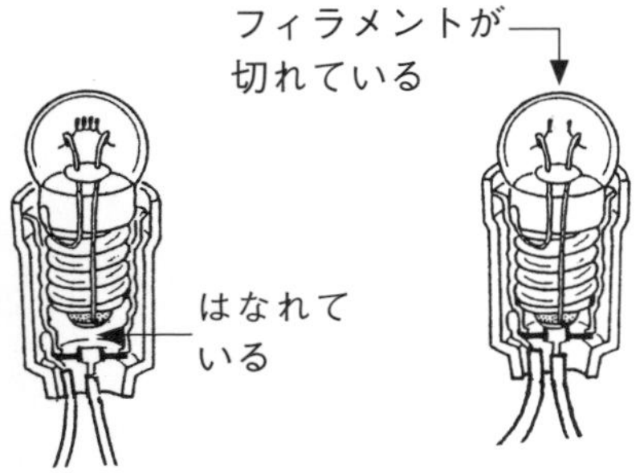

豆電球の明かりがつかないときには、次のようなところをたしかめます。

豆電球のねじり方が（①　　　　）いないか。豆電球の（②　　　　）が切れていないか。かん電池の（③　　　　）にどう線がきちんと（④　　　　）いるか。

このように、（⑤　　　　）がきちんとつながっているか、たしかめます。

> きょく　　回路　　ゆるんで　　ついて
> フィラメント

2 次の図で、豆電球に明かりがつくものに○、つかないものに×をかきましょう。（各10点）

①（　　　　）

②（　　　　）

③（　　　　）

④（　　　　）

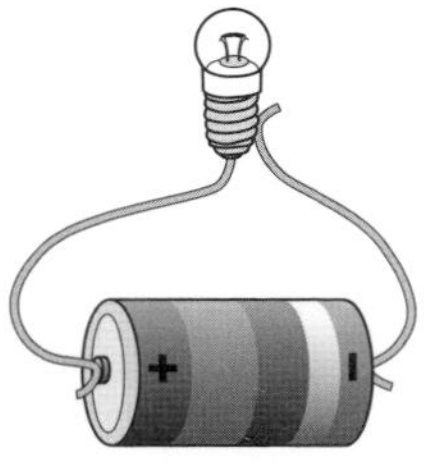

※ビニールをはいでいない

⑤（　　　　）

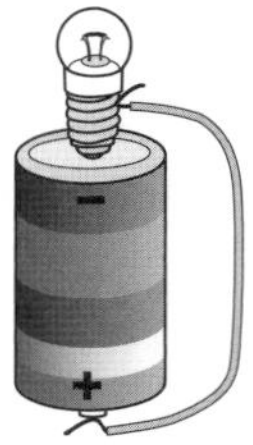

21 明かりをつけよう ③電気を通す、通さない

学習日 ／

1回目 ／100点 → 2回目 ／100点

答えは149ページ

できた！

1 電気を通すものと通さないものを調(しら)べる実(じっ)けんをしました。

(1) 図の㋐、㋑のあいだに、次(つぎ)のものをつなぎました。

明かりがつくものに4つ、〇をつけましょう。（各(かく)7点）

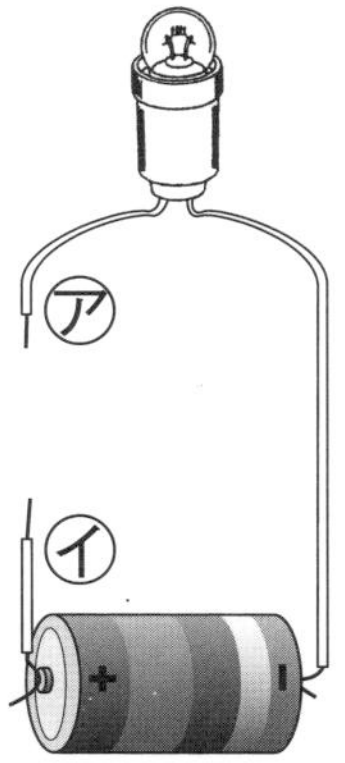

① 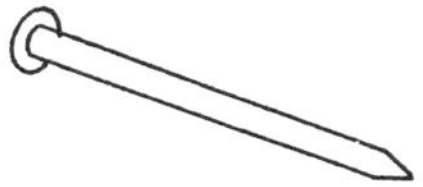 （　　）

くぎ（鉄）

②  （　　）

10円玉（どう）

③  （　　）

鉄(てつ)のはさみ

④ 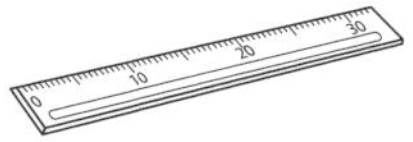 （　　）

プラスチックのじょうぎ

⑤ 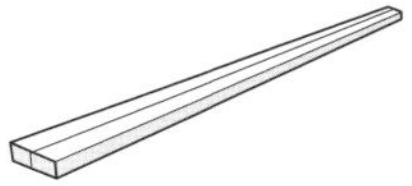 （　　）

木のわりばし

⑥ 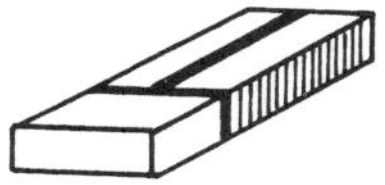 （　　）

けしゴム

⑦  （　　）

ガラスコップ

⑧ 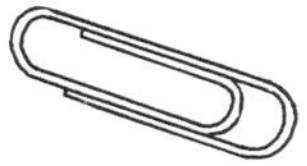 （　　）

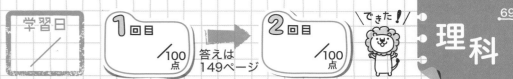

クリップ

2 次の（　　）にあてはまる言葉(ことば)を［　］からえらび、かきましょう。（各９点）

明かりがつくものは、鉄やどう、（①　　　）などの（②　　　）とよばれるものでできています。これらは電気を（③　　　）せいしつがあります。

どう線も金ぞくでできていますが、ビニールにおおわれているので、ビニールを（④　　　）使います。

一方、明かりがつかないものは（⑤　　　）や（⑥　　　）、プラスチックや木などでできています。これらは電気を（⑦　　　）ません。

アルミかんにぬってあるペンキも電気を（⑧　　　）ません。

通す	通し	はがして	紙
アルミニウム		ガラス	金ぞく

（二度使(どつか)うものがあります）

22 明かりをつけよう ④電気を通す、通さない

学習日　／

1回目　／100点　答えは149ページ　2回目　／100点

できた！

1 図のように、かん電池と豆電球（まめでんきゅう）とジュースのかん（アルミかん）をどう線でつなぎます。（　）にあてはまる言葉（ことば）を［　］からえらび、かきましょう。（各10点）

あ

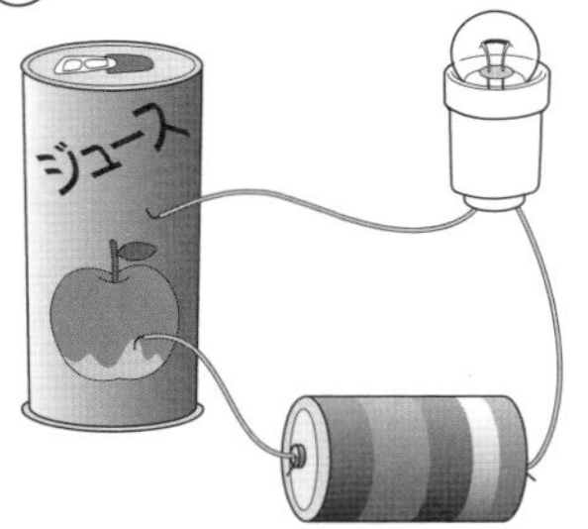

あのようにつなぎました。豆電球のあかりは（①　　　）。

アルミかんの表面（ひょうめん）には、（②　　　）などがぬってあり（②）は電気を（③　　　）。

い

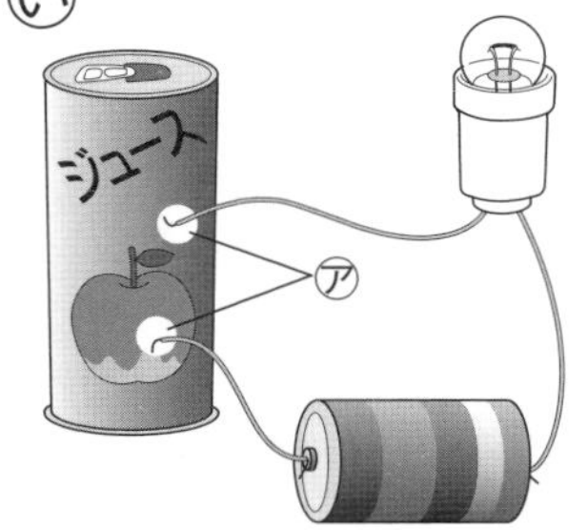

いのようにジュースのかんの（④　　　）のペンキを紙やすりでみがき、アのように（⑤　　　）の部分（ぶぶん）があらわれました。

（⑤）は電気を（⑥　　　）のであかりはつきます。

金ぞく　表面　通す　通しません
つきません　ペンキ

2 あかりのつくものを４つえらび、○をつけましょう。（各10点）

①（　　　） 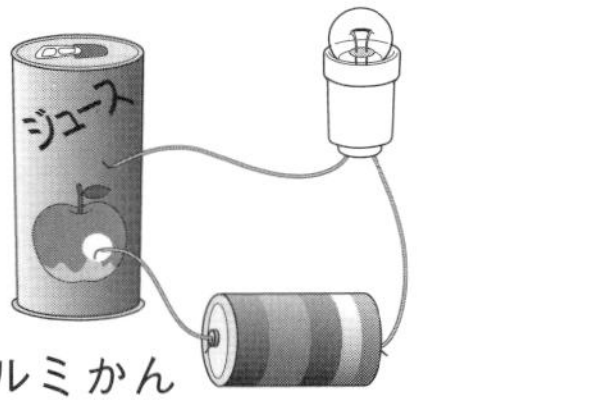 アルミかん １かしょ色をはがしてある	②（　　　） 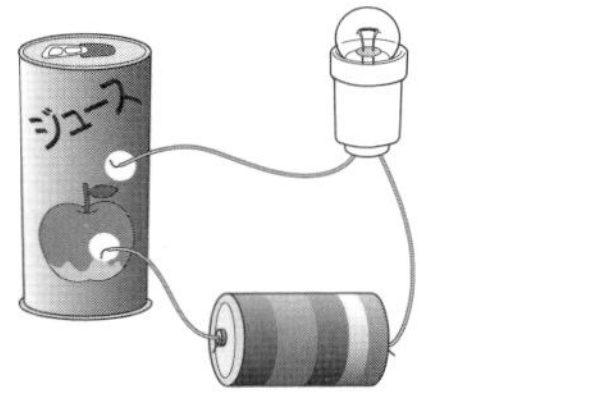 ２かしょ色をはがしてある
③（　　　） 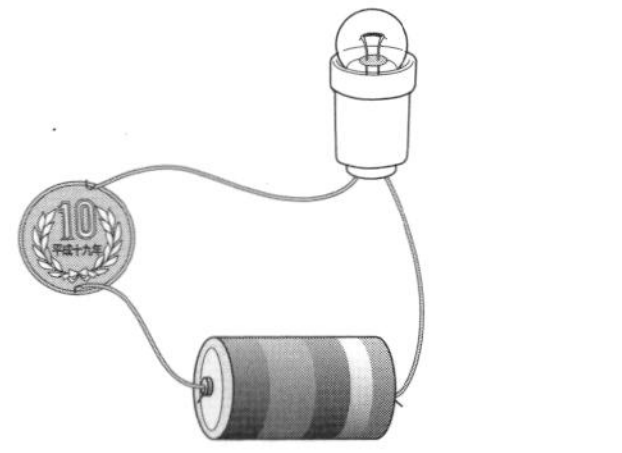 10円玉	④（　　　） 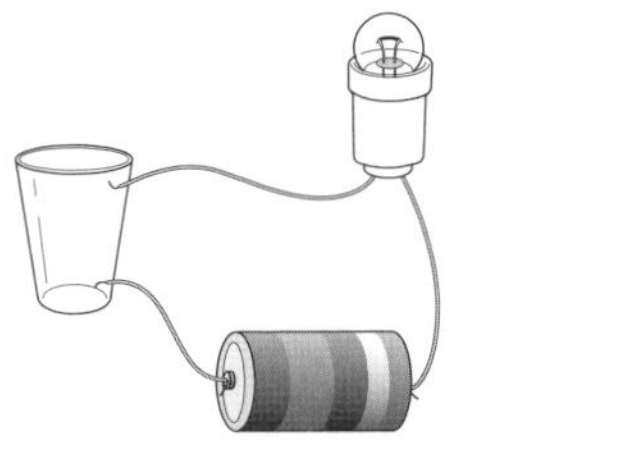 ガラスのコップ
⑤（　　　） 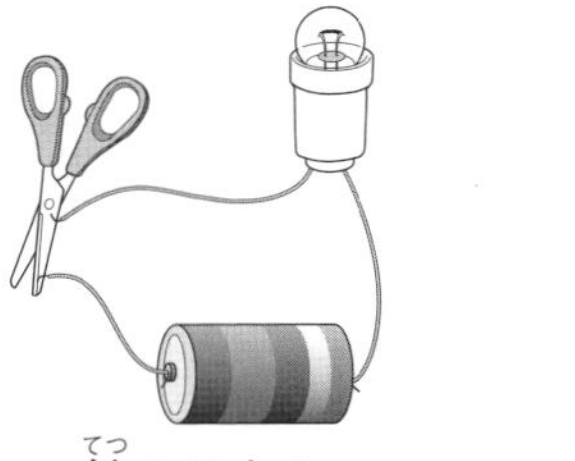 鉄（てつ）のはさみ	⑥（　　　） 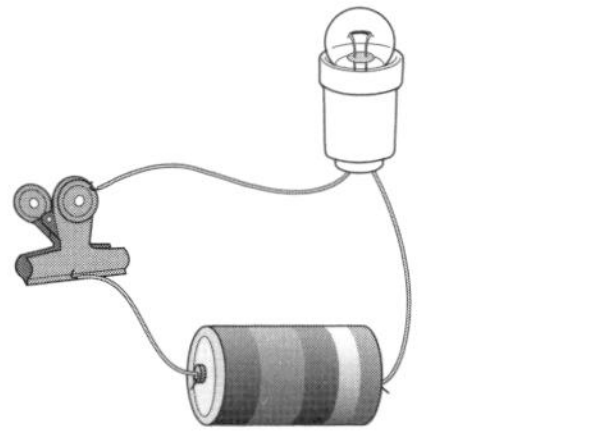 鉄の目玉クリップ

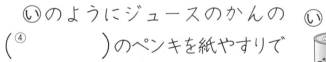

23 じしゃく ①じしゃくの力

学習日 ／

1回目 ／100点　答えは150ページ　2回目 ／100点

できた！

1 次の（　　）にあてはまる言葉を［　］からえらび、かきましょう。（（　）…各10点）

(1) じしゃくは（①　　　）でできたものを引きつけます。（②　　　）やガラス、プラスチックなどは、じしゃくにつきません。また、（③　　　）やどうなどの金ぞくもじしゃくにつきません。

［紙　鉄　アルミニウム］

(2) じしゃくは直せつ（①　　　）いなくても、（②　　　）を引きつけます。下の図のように、じしゃくとクリップのあいだに、じしゃくに（③　　　）ものをはさんでも、クリップを引きつけます。

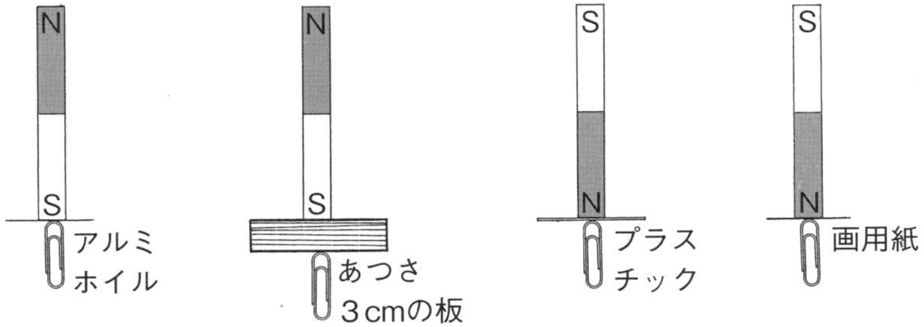

［つかない　ふれて　鉄］

2 次の図のように、ぼうじしゃくに鉄のくぎをくっつけました。あとの問いに答えましょう。（（　）…各8点）

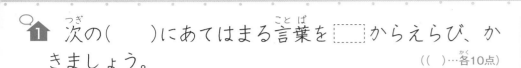

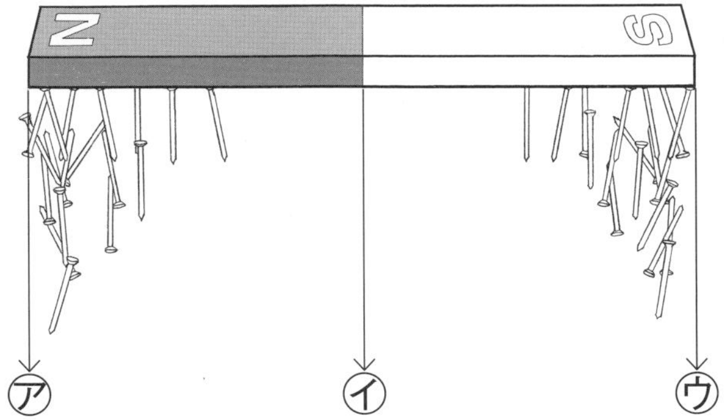

(1) ア、イ、ウは鉄のくぎを引きつける力は強いですか、弱いですか。かきましょう。

ア（　　　　）

イ（　　　　）

ウ（　　　　）

(2) 鉄が強く引きつけられた場所の名前をかきましょう。

（　　　きょく）

（　　　きょく）

24 じしゃく ②じしゃくの力

学習日 ／　　1回目 ／100点　答えは150ページ　2回目 ／100点　できた！　理科

1 次の図で、じしゃくにつくものには○、つかないものには×をかきましょう。（各5点）

①（　　　）  湯のみ（土）	②（　　　）  アルミホイル	③（　　　）  目玉クリップ（鉄）
④（　　　） 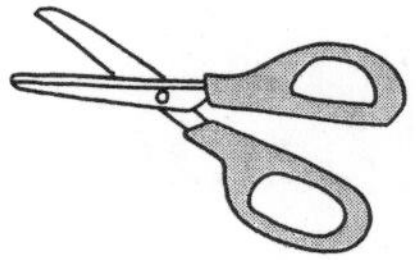 鉄のはさみ	⑤（　　　）  10円玉	⑥（　　　）  くつ（ぬの）
⑦（　　　）  本	⑧（　　　）  鉄のくぎ	⑨（　　　） 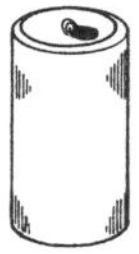 アルミかん
⑩（　　　）  虫めがね（ガラス）	⑪（　　　）  おりがみ	⑫（　　　） 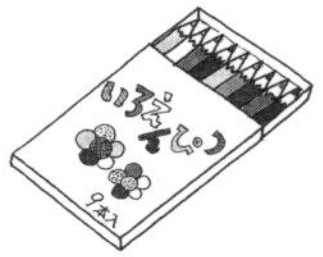 えんぴつ

2 次のもののうち、じしゃくに近づけるとはたらきがこわれるもの4つに×をつけましょう。（各10点）

①（　　　） 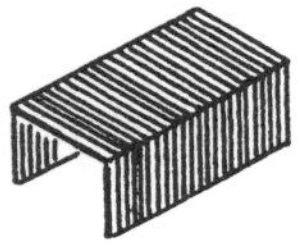 ホッチキスのはり	②（　　　）  じきカード	⑤（　　　）  10円玉（どう）
④（　　　）  パソコン	⑤（　　　） 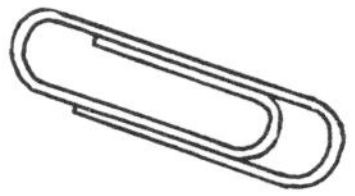 ゼムクリップ	⑥（　　　） 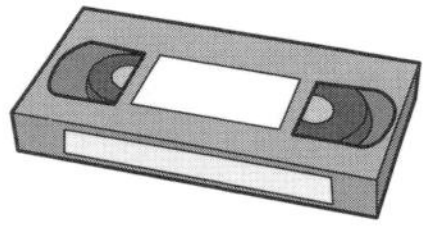 ビデオテープ
⑦（　　　）  時計	⑧（　　　）  ノート	

1 次の(　　)にあてはまる言葉を□からえらび、かきましょう。(各8点)

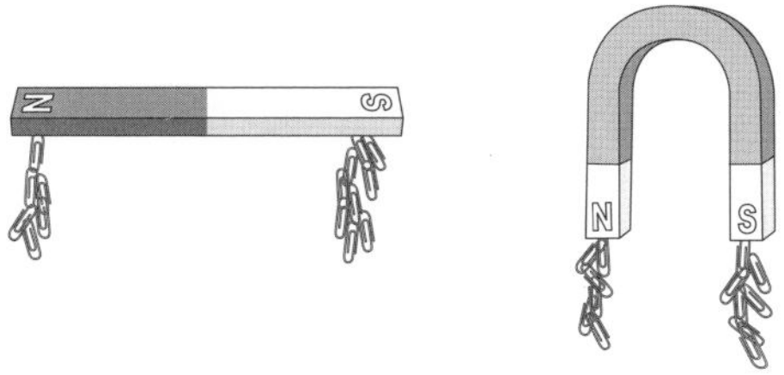

じしゃくがもっとも強く(①　　　　)を引きつける(②　　　　)の部分を(③　　　　)といいます。

どんな形や大きさのじしゃくにも(④　　　　)と(⑤　　　　)があります。

Nきょく　Sきょく　きょく　鉄　両はし

2 図のように、2つのじしゃくを近づけたときに、引き合うものには○、しりぞけ合うものには×をつけましょう。(各8点)

①(　　　)

②(　　　)

③(　　　)

④(　　　)

3 丸いドーナツがたのじしゃくが2つあります。1つはぼうを通して下におきます。もう1つをぼうの上の方から落とします。

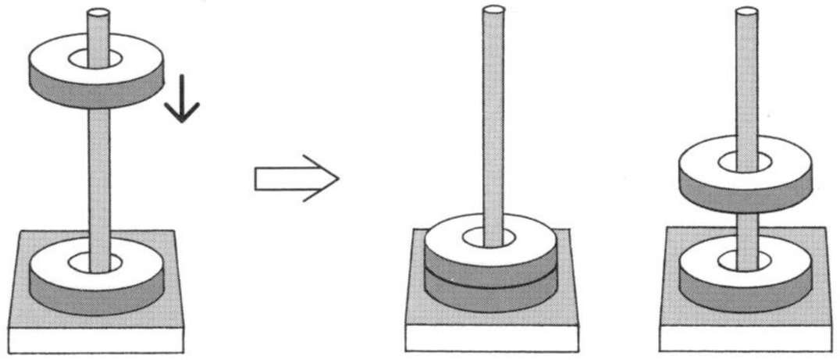

次の文で、正しいものには○、まちがっているものには×をつけましょう。(各7点)

①(　　) 上のじしゃくが、下のじしゃくにくっつくときは、ちがうきょくが向き合っています。

②(　　) 上のじしゃくが、下のじしゃくにくっつかずにういているときは、ちがうきょくが向き合っています。

③(　　) 上のじしゃくが、下のじしゃくにくっつくときは、同じきょくが向き合っています。

④(　　) 上のじしゃくが、下のじしゃくにくっつかずにういているときは、同じきょくが向き合っています。

26 じしゃく ④じしゃくのせいしつ

1 次の（　　）にあてはまる言葉を［　　］からえらび、かきましょう。（各12点）

㋐図

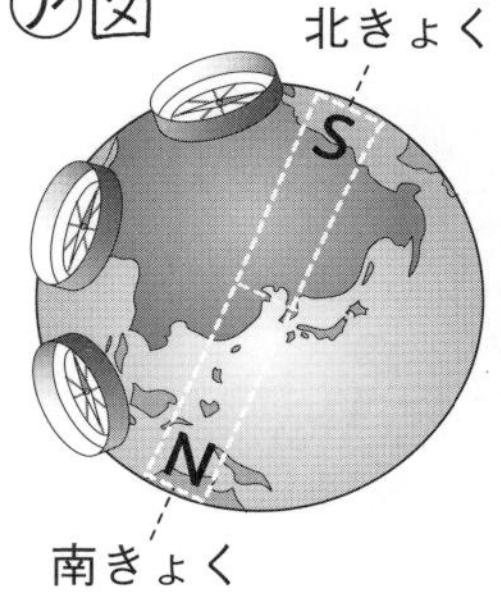

㋑図

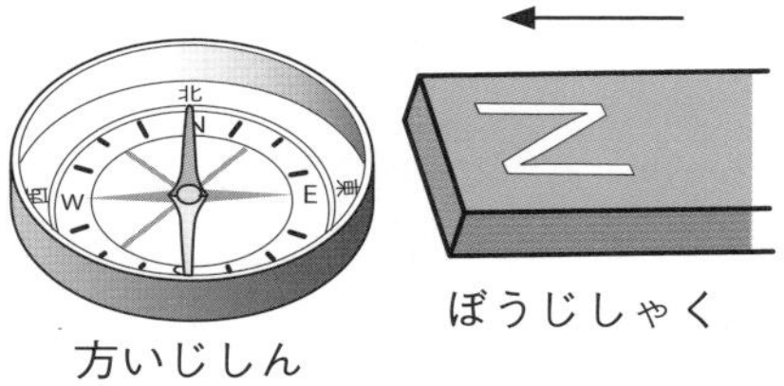

方いじしんは（①　　　　）を自由に動けるようにしておくと、（②　　　　）が北をさします。

それは㋐図のように地球が大きな（③　　　　）で、北きょくが方いじしんのNきょくを引きつけます。

㋑図のように、北を指している方いじしんに横からぼうじしゃくのNきょくを近づけました。すると方いじしんの北を指していたはりは（④　　　　）を指しました。

これは、ぼうじしゃくのNきょくがはりの（⑤　　　　）を引きつけたからです。

Nきょく	Sきょく		
じしゃく	東	西	はり

2 次の（　　）にあてはまる言葉を［　　］からえらび、かきましょう。（各10点）

㋐

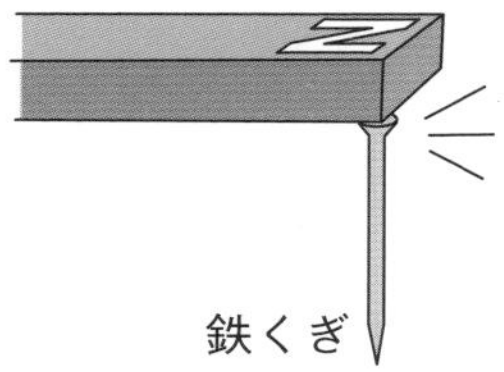

㋑

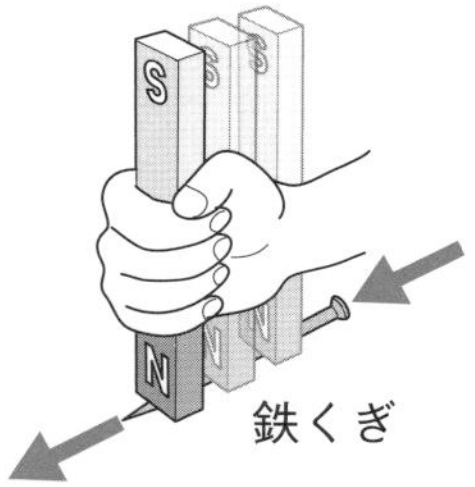

㋒

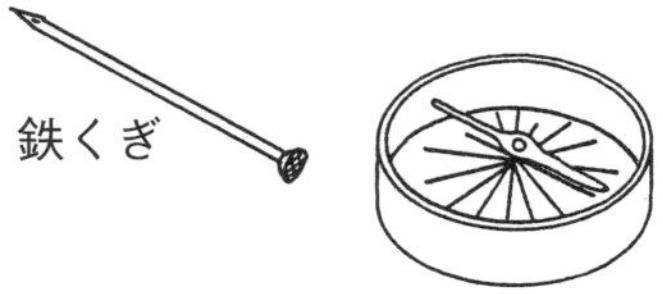

図㋐のようにしばらく（①　　　　）についていた鉄くぎは、じしゃくからはなしても（②　　　　）になっていることがあります。

図㋑のようにじしゃくで鉄くぎを数回同じ方向に（③　　　　）も、じしゃくになります。

図㋒でじしゃくになった鉄くぎを（④　　　　）に近づけると、はりが引きつけられます。

じしゃく	方いじしん	こすって

（二度使うものがあります）

27 風やゴムで動かそう ①風のはたらき

学習日　／

1回目　／100点

答えは150ページ

2回目　／100点

できた！

1 次の（　　）にあてはまる言葉を［　］からえらび、かきましょう。　（（　）…各8点）

(1) 息をふいてローソクの火を（①　　　）ことができます。

風には台風のように木を（②　　　）たり、屋根のかわらを（③　　　）たりするような（④　　　）もあります。

［強い力　消す　たおし　とばし］

(2) 風の力をりようしたものに（①　　　）のような船、プロペラをまわして（②　　　）を作る風力発電き、ゴミをすいこむ（③　　　）などがあります。

また、風の（④　　　）を調べるものに、風向計というものがあります。

［電気　ヨット　そうじき　向き］

2 次の図のような風船のはたらきで動く車を作りました。（　　）にあてはまる言葉を［　］からえらび、かきましょう。　（各6点）

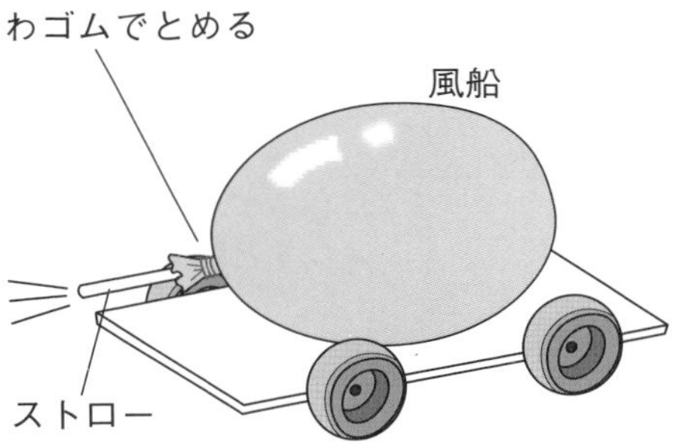

風船は（①　　　）でできています。

そこに、（②　　　）を入れると、ふくれた（①）が（②）をおし出そうとします。

風船を（③　　　）ふくらませると、たくさんの空気がおし出され、（④　　　）まで走ることができます。また、おし出す力の（⑤　　　）風船をつければ車は（⑥　　　）走ります。

［大きく　強い　ゴム　遠く　速く　空気］

28 風やゴムで動かそう ②ゴムのはたらき

1 ゴムの力をりようしたおもちゃを作りました。あとの問いに答えましょう。

㋐
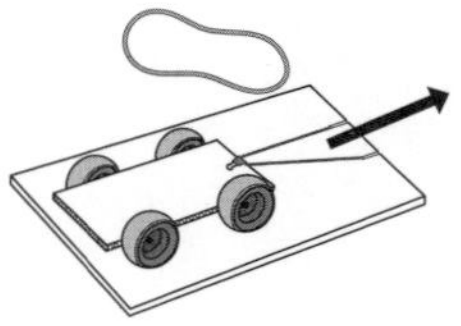
ひっぱっておいて、はなすと動く

㋑
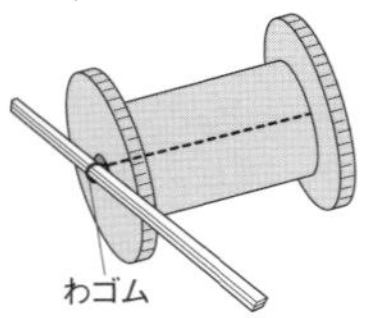

ねじっておいて、はなすと動く

㋒

おりまげておいて、はなすとはねる

(1) ゴムののびちぢみを、りようしたものはどれですか。（7点） （　　　　）

(2) ゴムのねじれが元にもどるのを、りようしたものはどれですか。（7点） （　　　　）

(3) 次の（　　）にあてはまる言葉をかきましょう。（各7点）

㋐の車では、ゴムを（①　　　　）のばすほど、その力は強くなります。

㋑の車では、ゴムをたくさん（②　　　　）ほどその力は大きくなります。

ねじる　　長く

2 次の（　　）にあてはまる言葉を［　］からえらび、かきましょう。（（　）…各9点）

(1) プロペラのはたらきで動く車は、ねじれた（①　　　　）が（②　　　　）力をりようして、（③　　　　）を回し、（④　　　　）を起こして動きます。

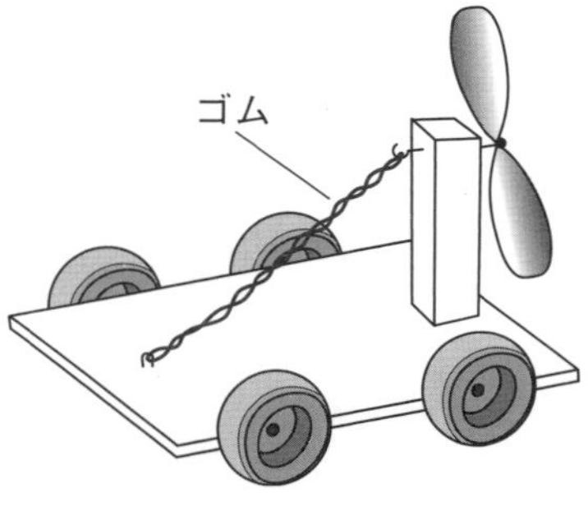

風　　プロペラ　　元にもどる　　ゴム

(2) 走る（①　　　　）や動くきょりは、わゴムの数やわゴムの（②　　　　）によってちがいます。

プロペラをまいてゴムに力をためるとき、プロペラをまく（③　　　　）が多いほど（④　　　　）まで進みます。

回数　　強さ　　遠く　　速さ

29 ものと重さ ①

学習日 ／

1回目 ／100点 答えは150ページ 2回目 ／100点

できた！

1 次の(　　)にあてはまる言葉を［　］からえらび、かきましょう。 （各10点）

電子てんびん

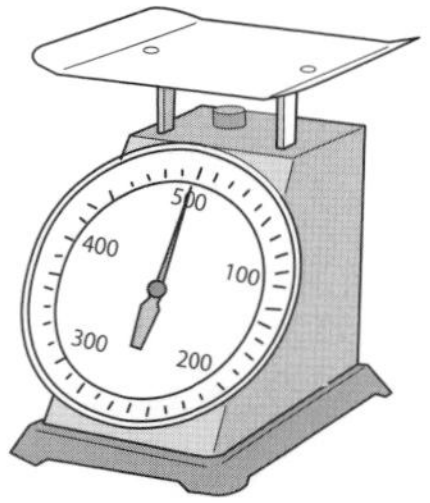

台ばかり

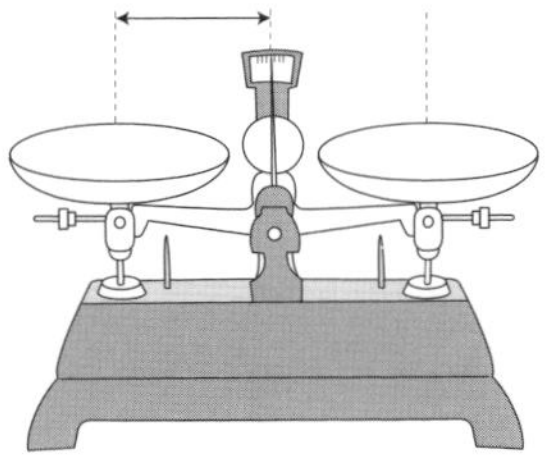

上皿てんびん

乗せたものの重さを調べ、重さを数字で表すのは、(①　　　　　　)や(②　　　　　　　)です。

また、２つのものを乗せて、重さをくらべるときに使うのは(③　　　　　　　)です。これは左右の(④　　　　)がちがうと、重い方が下がります。そして、左右の重さが同じときは、(⑤　　　　　)になって止まります。これを(⑥　　　　　)といいます。

重さ	電子てんびん	台ばかり
上皿てんびん	水平	つり合う

2 ねん土、きゅうり、ビスケットを、形をかえて重さをはかりました。

重さは、㋐～㋒のどれになりますか。(　　)に〇をつけましょう。 （各10点）

(1) ねん土

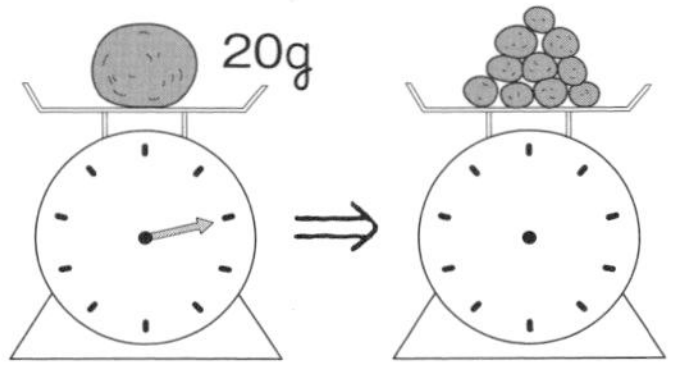

- ㋐ (　　) 20gより重い
- ㋑ (　　) 20gちょうど
- ㋒ (　　) 20gより軽い

(2) ねん土

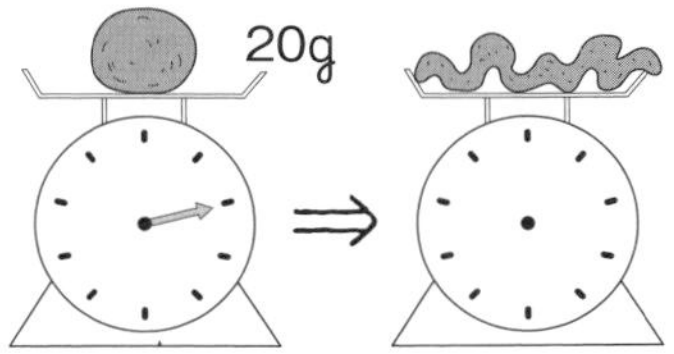

- ㋐ (　　) 20gより重い
- ㋑ (　　) 20gちょうど
- ㋒ (　　) 20gより軽い

(3) きゅうり

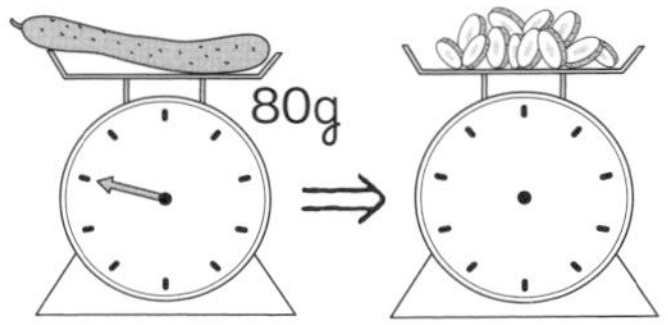

- ㋐ (　　) 80gちょうど
- ㋑ (　　) 80gより重い
- ㋒ (　　) 80gより軽い

(4) ビスケット

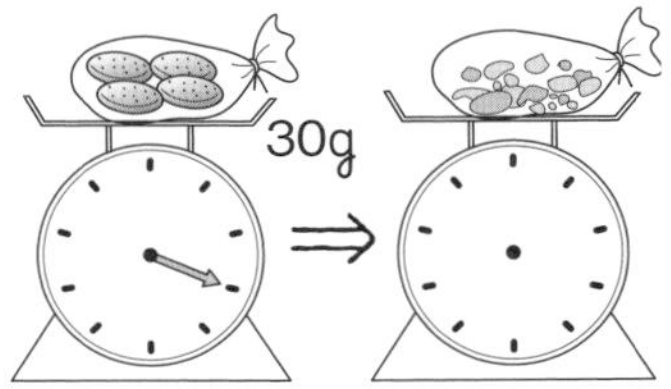

- ㋐ (　　) 30gちょうど
- ㋑ (　　) 30gより重い
- ㋒ (　　) 30gより軽い

30 ものと重さ ②

学習日 ／

1回目 ／100点

答えは150ページ

2回目 ／100点

できた！

1 図のような実(じっ)けんをしました。次(つぎ)の中から正しいものをえらび、○をつけましょう。（各(かく)11点）

(1)

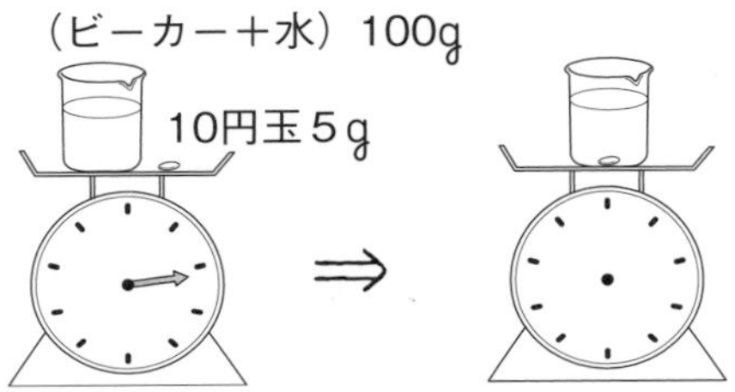

ア（　　）105gより軽(かる)い
イ（　　）105gより重(おも)い
ウ（　　）105g

(2)

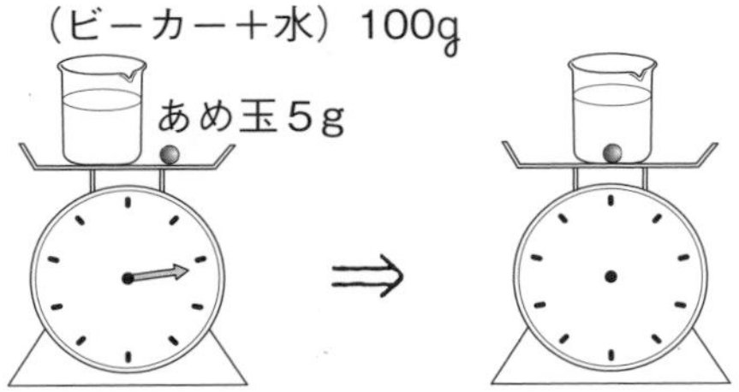

ア（　　）105g
イ（　　）105gより重い
ウ（　　）105gより軽い

(3)

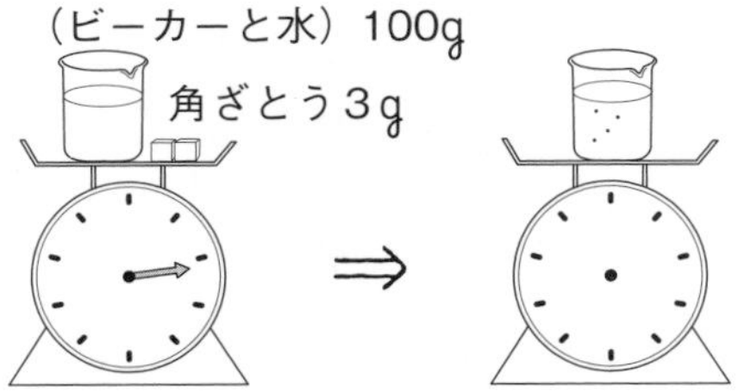

ア（　　）103g
イ（　　）100gより重い
ウ（　　）100g

(4)

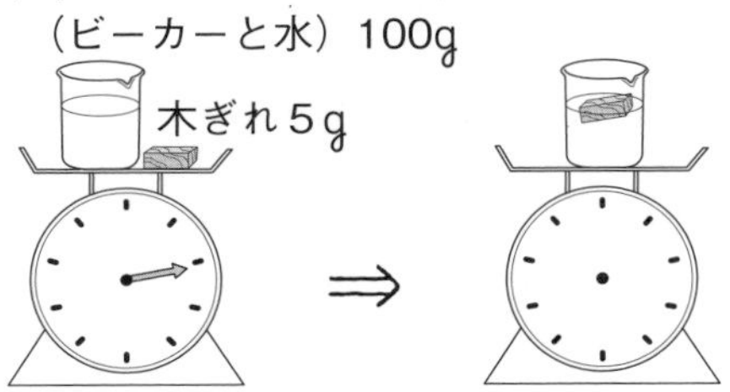

ア（　　）105gより軽い
イ（　　）105g
ウ（　　）105gより重い

2 同じ大きさ（かさ）で、木、鉄(てつ)、ねん土、発(はっ)ぽうスチロールでできたものの重さをくらべました。（（　）…各7点）

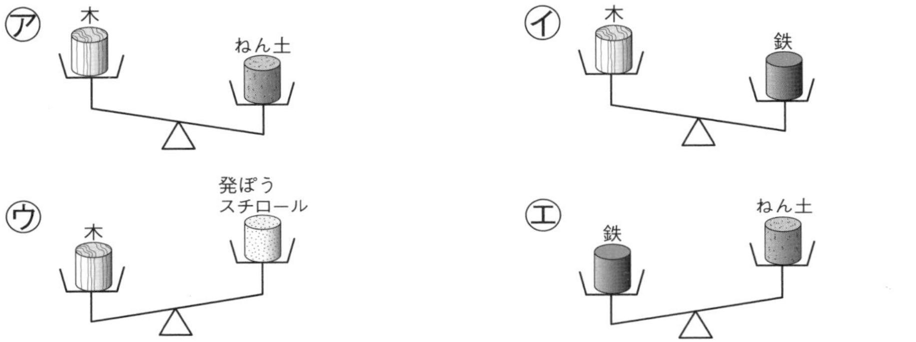

(1) 木とねん土ではどちらが重いですか。（　　　　　）

(2) 木より軽(かる)いものは何ですか。（　　　　　）

(3) 鉄とねん土では、どちらが重いですか。（　　　　　）

(4) 木と鉄では、どちらが軽いですか。（　　　　　）

(5) 次の（　　）に重いじゅんに番号(ばんごう)をかきましょう。

（　　）（　　）（　　）（　　）

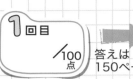

31 ものと重さ ③

学習日 ／

1回目 ／100点　答えは150ページ　2回目 ／100点　できた！

1 次の（　　）にあてはまる言葉を［　］からえらび、かきましょう。（各8点）

重さをくらべる道具に（①　　　　　）があります。

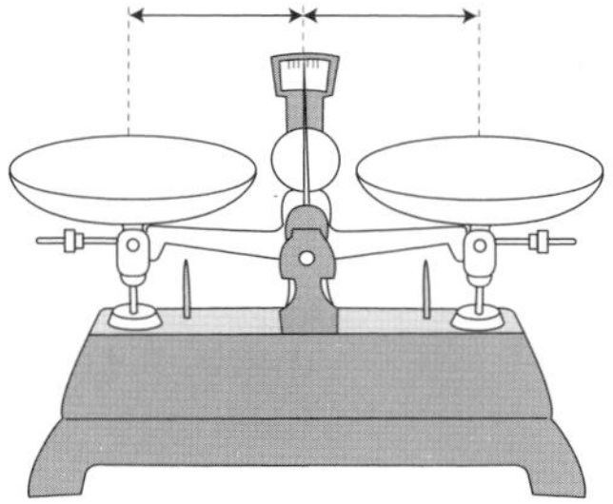

（①）の左右のうでの長さは（②　　　　）になっています。

左右の皿にものを乗せたとき、皿が（③　　　　）になった方が（④　　　　）なります。2つの皿がちょうどまん中で止まったときは（⑤　　　　）重さになっています。

［ 同じ　　上皿てんびん　　下　　重く ］

（二度使うものがあります）

2 次の図を見て、重い方に○をつけましょう。（各10点）

①

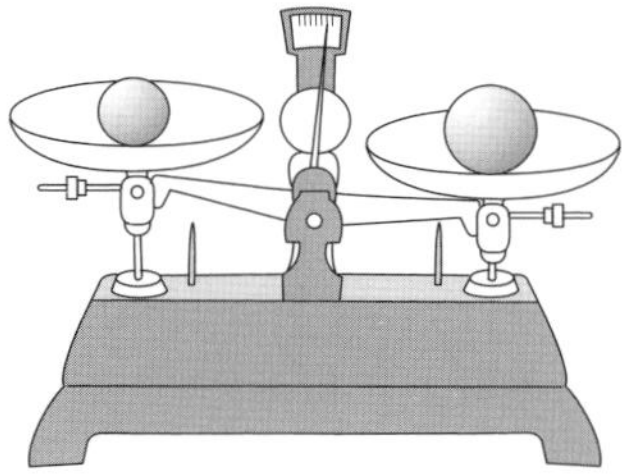

（　　）（　　）

②

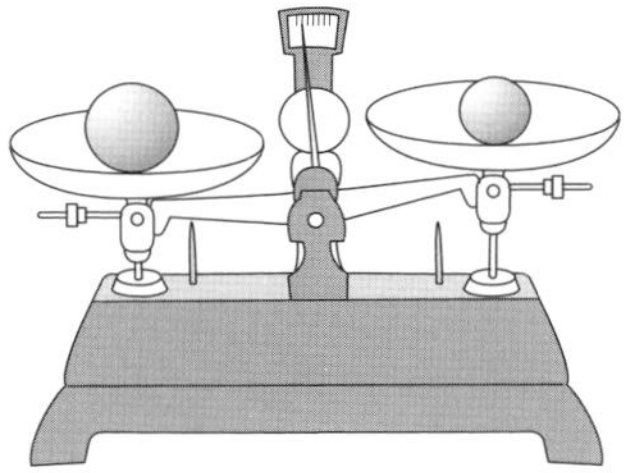

（　　）（　　）

3 てんびんにアルミニウムはくを乗せてつり合わせました。左の皿を下げるにはどうすればよいですか。次の①～④の文のうち、正しいものには○、まちがっているものには×を（　　）にかきましょう。（各10点）

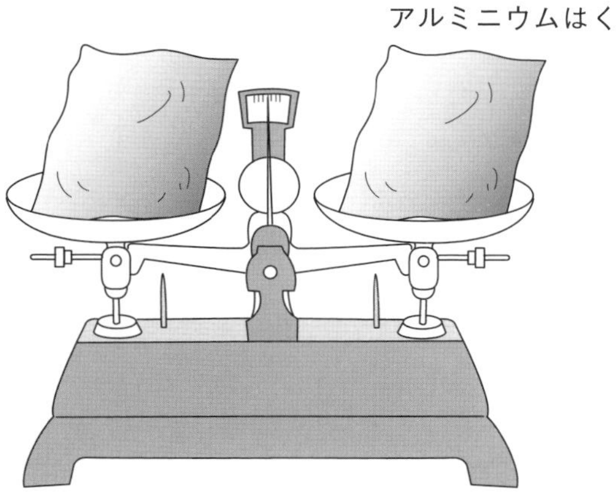

①（　　）　左の皿のアルミニウムはくをかたくおしかため、まるくして乗せます。

②（　　）　左の皿だけにアルミニウムはくをもっと乗せます。

③（　　）　右の皿のアルミニウムはくを小さくちぎってすべて乗せます。

④（　　）　右の皿のアルミニウムはくを2つに分け、そのうちの1つだけを乗せます。

32 ものと重さ ④体せきと重さ

1 同じような大きさの消しゴム㋐、㋑があります。この2つの消しゴムの体せきを調べる実けんをしました。(　　)にあてはまる言葉を ⬚ からえらび、かきましょう。 (各10点)

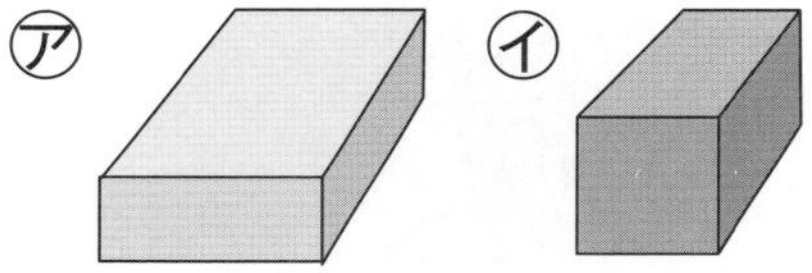

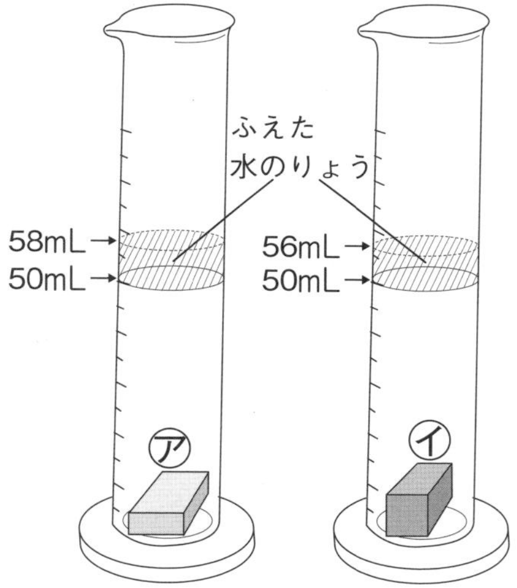

メスシリンダーに水を(①　　　　)入れておき、それぞれの消しゴムをしずめます。そして、(②　　　　)水のりょうをはかります。

㋐の消しゴムは8mLふえて、㋑は(③　　　　)ふえました。㋐の方がふえたりょうが多いので、(④　　　　)が大きいことになります。

ふえた	6mL	体せき	50mL

2 次の(　　)にあてはまる言葉を ⬚ からえらび、かきましょう。(ビーカーの重さは同じ) (各12点)

㋐のように、同じもので、体せきが同じとき、重さは(①　　　　)になり、てんびんは(②　　　　)ます。

㋑のように、同じものでも、体せきがちがうと重さは(③　　　　)ます。

体せきの大きい方が(④　　　　)なります。

㋒のように、鉄とアルミニウムでは、体せきが同じでも、重さは(⑤　　　　)の方が重いです。

鉄	つり合い	同じ	ちがい	重く

1 絵地図 ①

学習日 ／

1回目 ／100点　答えは151ページ　2回目 ／100点　できた！

次の絵地図を見て、あとの問いに答えましょう。

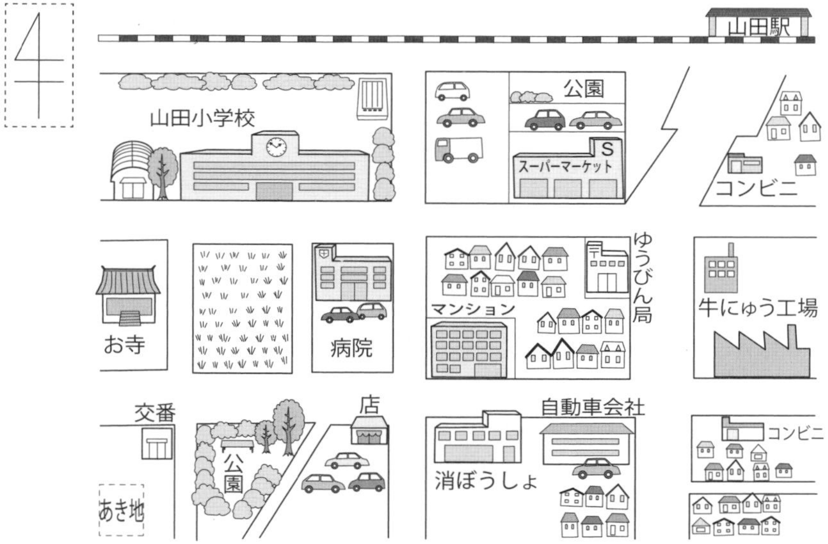

(1) 上の絵地図を見て、正しいものには○を、まちがっているものには×をつけましょう。（各6点）

① (　　) この校区に公園は2つある。

② (　　) 鉄道は、南北に走っている。

③ (　　) 山田小学校の南がわに病院がある。

④ (　　) 牛にゅう工場の西がわにゆうびん局がある。

⑤ (　　) 交番は地図のまん中にある。

(2) 次のたて物を西がわからじゅん番に記号で書きましょう。（各8点）

㋐ 病院　㋑ ゆうびん局　㋒ お寺　㋓ 消ぼうしょ

(①　　)→(②　　)→(③　　)→(④　　)

(3) 地図にある⇞は方い記号です。上はどの方角を表しますか。（8点）

(　　　)

(4) 地図をかくときに気をつけることとして、正しいもの3つに○をつけましょう。（各10点）

① (　　) 地図の上は南とする

② (　　) 地図の上は北とする。

③ (　　) 家は1けん1けん全部かくようにする。

④ (　　) 主な道や川、鉄道をかくようにするとわかりやすい。

⑤ (　　) 目じるしになる学校や病院などをかくとわかりやすい。

⑥ (　　) 絵や字はさかさまにかいてもよい。

2 絵地図 ②

学習日 ／　1回目 ／100点　答えは151ページ　2回目 ／100点　できた！

絵地図を文字で表すと次のようになります。

（（　）…各10点）

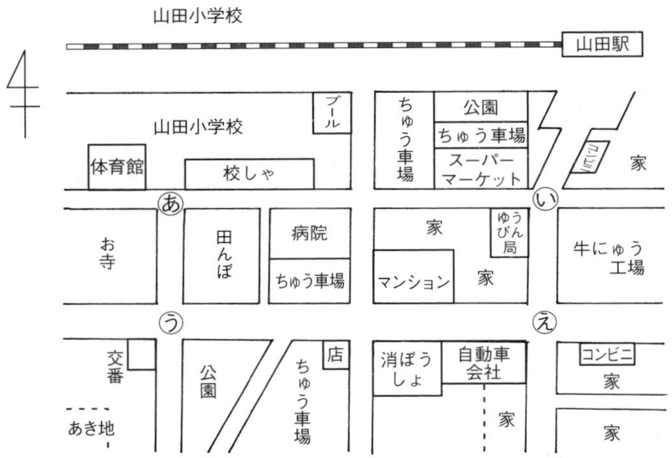

(1)　次の文にあてはまるものを書きましょう。

① 山田小学校の南にあるたて物。

（　　　　）（　　　　）

② 地図の北がわを走っているもの。

▬▭▬▭▬▭▬…（　　　　）

③ 店の東にあるたて物。　（　　　　）

④ 南の公園の西にあるたて物。　（　　　　）

消ぼうしょ　　お寺　　交番　　鉄道　　病院

(2)　次の（　　）にあてはまる言葉を書きましょう。

この町には公園が２つ、ちゅう車場は（①　　　　）つあります。

家は、町の（②　　　　）がわにかたまっています。田んぼは、山田小学校の（③　　　　）がわにあります。

駅から南がわにのびる道ぞいには、コンビニや（④　　　　　　）があります。

東　　南　　４　　スーパーマーケット

(3)　さとるくんは、地図の中のあ～えのどこかにいます。次のお話を読んでどこにいるのか、（　　）に記号を書きましょう。

今、□の前にいます。ここまで、来るとちゅうに、ゆうびん局や病院がありました。ここから東にまっすぐ行くと、消ぼうしょがあります。北に行くと小学校があって、そこで今から友だちと遊びます。

（　　）

3 方いと地図記号 ①

学習日 ／

1回目 ／100点 答えは151ページ 2回目 ／100点 できた！

1 次の方い記号について、あとの問いに答えましょう。

(1) この方いの表し方を何といいますか。 (6点)

(　　　　　)

(2) ①～⑧の方角を□に書きましょう。 (各5点)

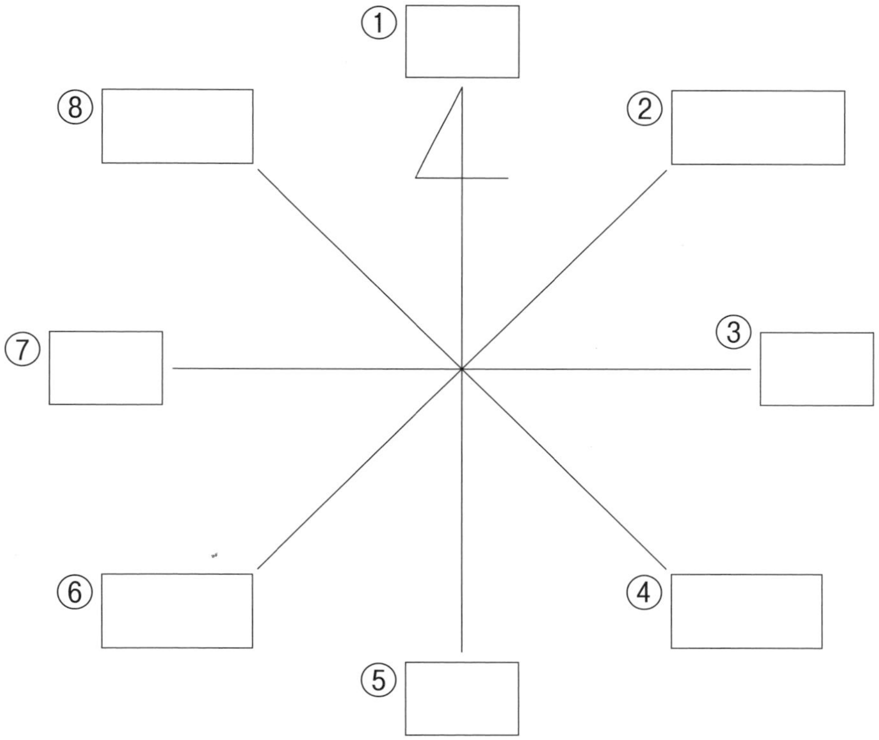

東　西　南　北　北東　南東
北西　南西　八方い

2 次の絵とあう地図記号を——でむすびましょう。 (各6点)

(1)

①  (いねをかりとったあとの切りかぶ) ・　　・㋐ 

②  (タネからめを出した2まい葉) ・　　・㋑ 

③  (昔のゆうびんのマーク) ・　　・㋒ 

④  (昔使われていた火を消すための道具) ・　　・㋓ 

⑤  (けいぼうを交さして○でかこんだもの) ・　　・㋔ 

(2)

①  (工場の歯車) ・　　・㋐ 

②  (赤十字のしるしをもとにしたもの) ・　　・㋑ 

③ 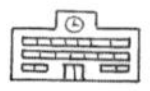 (文という形) ・　　・㋒ 

④  (神社の入り口にあるとりい) ・　　・㋓ 

4 方いと地図記号 ②

学習日 ／

1回目 ／100点　答えは151ページ　2回目 ／100点　できた！

社会

1 次の地図記号は、何を表していますか。［　］からえらんで書きましょう。（各5点）

① ⊗（　　　　）　② Y（　　　　）

③ 文（　　　　）　④ ☼（　　　　）

⑤ ⛩（　　　　）　⑥ ⛨（　　　　）

⑦ ◎（　　　　）　⑧ 〃〃（　　　　）

神社　病院　学校　けいさつしょ
消ぼうしょ　工場　市役所　田

2 次の地図記号と意味のあうものを線でむすびましょう。（各4点）

① ⚓ ・　　・㋐ くだもの畑（りんごの形）

② 📖 ・　　・㋑ 図書館（本を開いた形）

③)(・　　・㋒ 橋（橋を上から見た形）

④ ჻ ・　　・㋓ 港（船のいかりの形）

3 次の地図を見て、あとの問いに答えましょう。

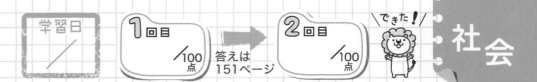

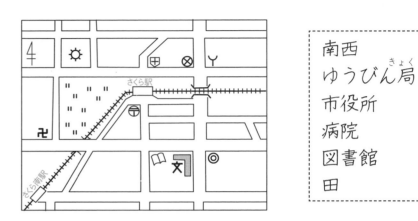

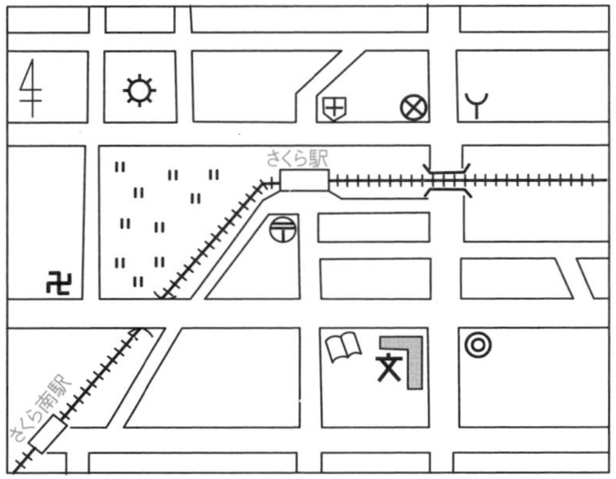

南西
ゆうびん局
市役所
病院
図書館
田

(1) さくら駅の南と北にあるしせつは何ですか。（各8点）

① 南（　　　　）　② 北（　　　　）

(2) 学校の西、東にあるしせつは何ですか。（各8点）

① 西（　　　　）　② 東（　　　　）

(3) 鉄道の西に広がっているのは何ですか。（8点）

（　　　　）

(4) さくら南駅はさくら駅から見たらどの方角にありますか。（4点）（　　　　）

5 地図学習 ①

学習日 ／

1回目 ／100点　答えは151ページ　2回目 ／100点

できた！

山田町の地図を見て、あとの問いに答えましょう。

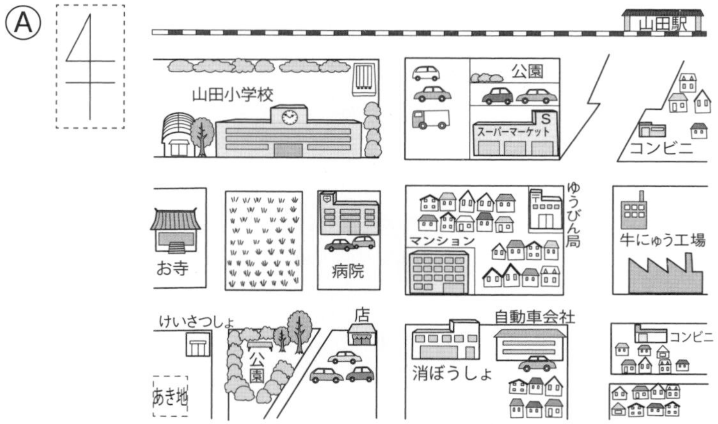

(1)　Ⓐのマークは、何といいますか。（10点）

(　　　　　　)

(2)　Ⓐは、どの方角を指していますか。（10点）

(　　　　　　)

(3)　お寺と病院の間にあるのは、何ですか。（10点）

(　　　　　　)

(4)　この町のまん中あたりには、何が集まっていますか。（10点）

(　　　　　　)

八方い　　家　　北　　田　　方い記号

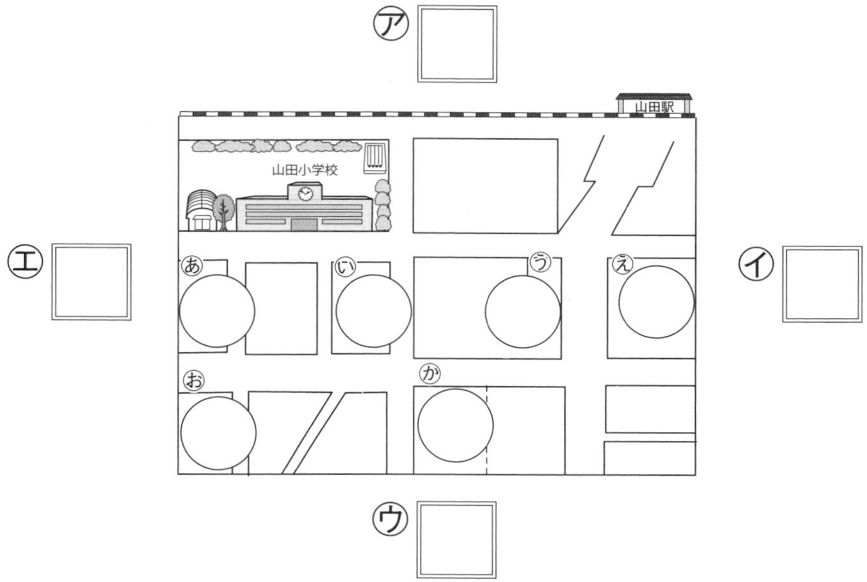

(5)　㋐～㋓の方角を□に書きましょう。（各5点）

(6)　左ページの地図を見て［　］からえらび、あ～かに地図記号を書きましょう。（各5点）

〒　Y　☼　卍　⊞　⊗

(7)　次の文で正しいもの2つに○をつけましょう。（各5点）

①（　　）鉄道は南北に走っている。

②（　　）山田駅の南に牛にゅう工場がある。

③（　　）山田小学校は病院から見たら、北の方角にある。

④（　　）家やマンションは町の西に多くある。

6 地図学習 ②

学習日 ／

1回目 ／100点　答えは151ページ　2回目 ／100点　できた！

社会

1 次の地図を見て、あとの問いに答えましょう。

（□…各８点）

(1) ①～⑤の地図記号は何を表していますか。

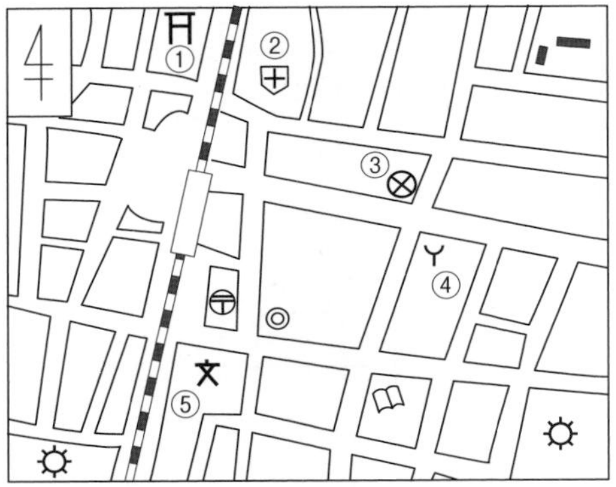

①	
②	
③	
④	
⑤	

学校　消ぼうしょ　神社　病院　けいさつしょ

(2) 次のたて物は何ですか。

① 駅の南東にあり、手紙などをあつかう。 □

② ゆうびん局の向かいにある。 □

③ 南東のはしで、物をつくるたて物。 □

市役所　工場　ゆうびん局

2 次の地図を見て、あとの問いに答えましょう。

（各９点）

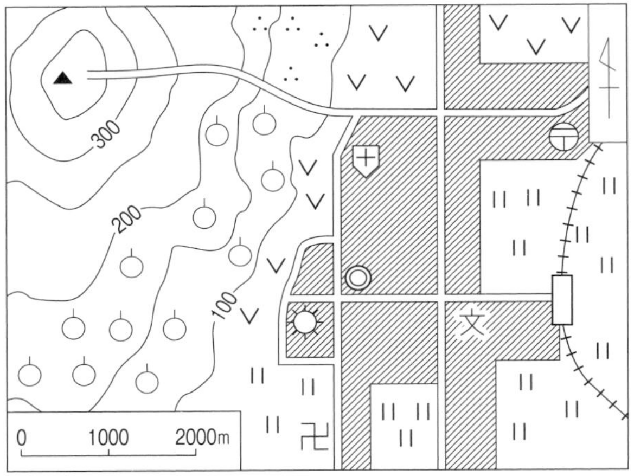

(1) 地図にある▲のしるしは何を表していますか。

（　　　）

(2) ▲は市役所から見てどの方いにありますか。

（　　　）

(3) ▨ は町を表しています。町のまわりの土地は、畑と何に使われていますか。

（　　　）

(4) 山のしゃ面は茶畑と何にりようされていますか。

（　　　）

くだもの畑　北西　北東　山ちょう　田

7 店ではたらく人びとの仕事 ①

学習日 ／

1回目 ／100点　2回目 ／100点

答えは151ページ

できた！

1 次の絵は、スーパーマーケットをより多くの人にりようしてもらおうと、くふうしているようすを書いたものです。絵とかんけいの深い文をえらんで、記号を書きましょう。（各10点）

① 

（　　）

② 

（　　）

③ 

（　　）

④ 

（　　）

㋐　車で来る人もいるので、広いちゅう車場がある。
㋑　遠くからでもよく見えるように、大きなかんばんがある。
㋒　赤ちゃんがいる人も安心して買い物ができるように「赤ちゃんルーム」がある。
㋓　店の中は、品物がきちんと整理されていて気持ちいい。

2 次の文とかんけいのある絵を、――でむすびましょう。（各10点）

①　品物が見やすいようにくふうして、たなにならべる。　・　・㋐ 

②　お客さんの買い物の相談にのったり、あんないしたりする。　・　・㋑ 

③　売り場の品物が少なくなったら、そう庫から出してくる。　・　・㋒ 

④　おいしいさしみにするために、魚を切ってパックする。　・　・㋓ 

3 次の文で正しいもの２つに○をつけましょう。（各10点）

①（　　）店長さんは、お客さんの意見を取り入れながら、よりよい店をめざす。

②（　　）サービスカウンターの人は、案内するときえがおを心がけなくてよい。

③（　　）売り場の品物を見回る人は、品物が古くなっていないかなどを調べる。

8 店ではたらく人びとの仕事 ②

学習日 ／

1回目 ／100点　答えは151ページ　2回目 ／100点

できた！

社会

1 (　　)にあてはまる言葉を□からえらび、書きましょう。 ((　)…各10点)

(1) コンビニエンスストアというのは、(①　　　　)な店という意味です。お客さんにいつでも来てもらえるように、(②　　　　)時間店をあけています。

店には、食べ物や飲み物、本など、たくさんの商品をそろえており、(③　　　　)などもあつかっています。お客さんによろこんでもらえるような新しい商品や(④　　　　)をいつも考えています。

たく配びん	長い	べんり	サービス

(2) 商店がいでは、お店の人と(①　　　　)話をしながら買い物ができるので、安心して買うことができ、それを(②　　　　)いるお客さんもいます。

ここでは、近くに住んでいる人たちが買い物に来ることが多く、おもに日用品や(③　　　　)などを中心に売っています。

楽しんで	直せつ	食りょう品

2 次の文や写真は、スーパーマーケット、商店がい、コンビニエンスストアのどれでしょうか。それぞれ記号で書きましょう。 ((　)…各5点)

	文	写真
Ⓐ スーパーマーケット	(　　)	(　　)
Ⓑ 商店がい	(　　)	(　　)
Ⓒ コンビニエンスストア	(　　)	(　　)

①
品物が多く、店の中にいろいろな売り場がある。広いちゅう車場もあるので、車での買い物も行きやすい。

②
長い時間あいているので、いつでもひつような物を買うことができる。コンピュータを使いコンサートのチケットの予やくなどもできる。

③
おもに日用品や食りょう品をおいている店が多い。お店の人と直せつ話ができるので、楽しく買い物をすることができる。

ア

イ

©株式会社阪急オアシス

ウ

9 畑ではたらく人びとの仕事 ①

学習日 ／

1回目 ／100点　2回目 ／100点

答えは152ページ

できた！

1 次の絵は、野さいづくりのようすを表しています。せつ明の文を――でむすびましょう。（各10点）

①  ・　　・ ㋐ 大きさべつに箱につめて市場に売りに出す。

②  ・　　・ ㋑ がい虫をふせぐ薬をまく。

③  ・　　・ ㋒ ビニールハウスで冬でも作られるようにする。

④  ・　　・ ㋓ 少ない時間でこうりつよく作業ができる。

⑤  ・　　・ ㋔ 自ぜんのたいひを入れて、よい土を作っている。

2 次の２つのグラフを見て、正しいものには○を、まちがっているものには×をつけましょう。（各10点）

㋐ A市の農地の広さのうつりかわり

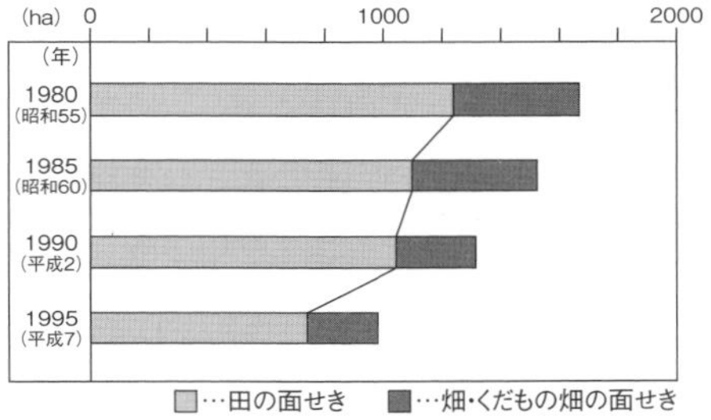

㋑ A市の農家の数のうつりかわり

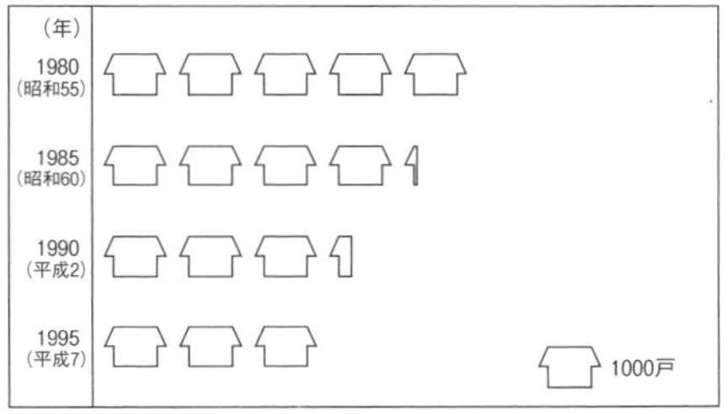

①（　　）農地の広さは、年々へっている。

②（　　）農地の中で、畑・くだもの畑の面せきが広い。

③（　　）農地の広さは、1995年には、やく1000haになった。

④（　　）農家の数は、1980年ころから1995年になって2000戸へった。

⑤（　　）農家の数は、年によってふえたりへったりしている。

10 畑ではたらく人びとの仕事 ②

1 次の農事ごよみを見て、あとの問いに答えましょう。

田中さんの農事ごよみ

1(月)	2	3	4	5	6	7	8	9	10	11	12

野菜づくり

きゅうり(ビニールハウス)　たねまき　うえつけ　取り入れ

キャベツ　うえつけ　取り入れ

きゅうりは同じ畑で何度もつくるとよいものができません。だから広い畑がいるんだよ

きゅうり(ろ地)　たねまき(じかまき)　取り入れ

しゅんぎく　うえつけ　取り入れ

ねぎ　たねまき　うえつけ　取り入れ

しゅんぎく　たねまき　うえつけ

休んでいる畑がないように、いろんな野菜をつくっています。人も休めないんだよ

野菜は近くの市場へ出荷するよ

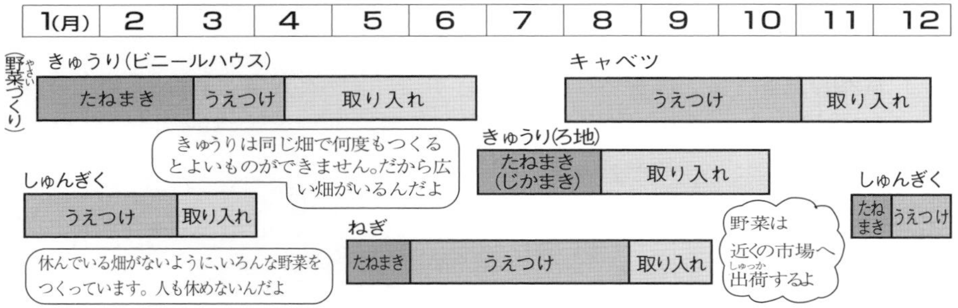

(1) 田中さんの畑でしゅんぎくのほかに作っているものをかきましょう。　(各8点)

（　　　）（　　　）（　　　）

(2) (1)の中でビニールハウスとろ地で作られる作物は何ですか。　(8点)

（　　　）

(3) (2)は何月から何月まで作っていますか。　(各4点)

（　　）月～（　　）月

(4) 取り入れがない月は何月ですか。　(各8点)

（　　）月（　　）月（　　）月

2 次の文は、田中さんの話です。正しいものには○を、まちがっているものには×をつけましょう。　(各6点)

　野さいのねだんは、市場の「せり」でその日に決まります。農家では高く売れるように、形と大きさに気をつけて作ります。
　また作る時期をずらしたり、ほかで作らないものを作ったり、そのときに一番売れるものを考えて作ります。そしてせまい土地でもたくさん作れるように、作り方のくふうもしています。
　いいものを作って、新せんなうちに、高く売れる市場をさがして運びます。たくさん作りすぎて売れないこともありますが、がんばっています。

① （　　）野さいのねだんは1週間前から決まっている。

② （　　）農家では、野さいがより高く売れるように、形や大きさに気をつけて作っている。

③ （　　）野さいを作る時期は、ずらさないで作る。

④ （　　）せまい土地では、野さいは作らない。

⑤ （　　）野さいができたら、高く売れる市場をさがして運んでいる。

⑥ （　　）たくさん作ってもすべて売れるので、どんどん作るようにしている。

11 工場ではたらく人びとの仕事

1 次の絵はパン工場でのようすを表しています。

 ㋐
 ㋑
 ㋒

 ㋓
 ㋔

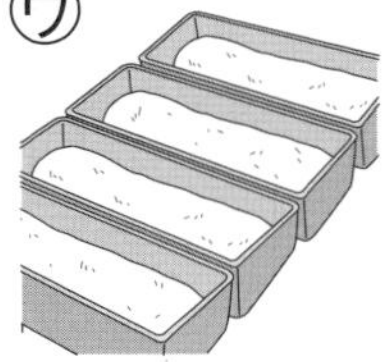

次のことがらは、上の絵のどれを表していますか。
（　）に記号を書きましょう。 （各10点）

① パンをやく （　　）

② パンをふくらませる （　　）

③ ざいりょうを運びこむ （　　）

④ パンのふくろづめ （　　）

⑤ 生地作り（ざいりょうをねる） （　　）

2 パン工場では、いろいろな人がはたらいています。
次の表を見て、あとの問いに答えましょう。

		午前												午後												
---	---	0	1	2	3	4	5	6	7	8	9	10	11	12	1	2	3	4	5	6	7	8	9	10	11	12じ
パンを作る人		夜のはん					朝のはん																夜のはん			
じむの人											朝のはん															
配たつの人							朝のはん																			

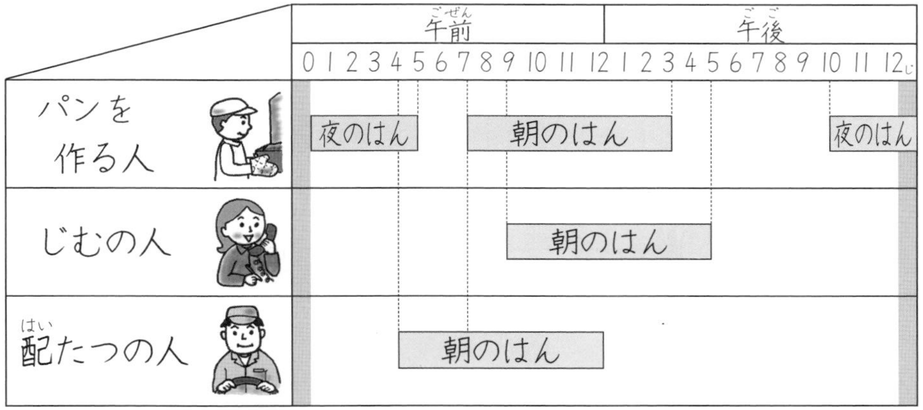

(1) パン工場ではたらいている人を書きましょう。
（各10点）

① （　　　　　　　）　　② （　　　　　　　）

③ （　　　　　　　）

(2) パンを作る人のはたらく時間をかきましょう。
（各10点）

① 夜のはんの人

…午後 ☐ 時から午前 ☐ 時まで

② 朝のはんの人

…午前 ☐ 時から午後 ☐ 時まで

12 火事をふせぐ ①

次の図は、学校にある消ぼうせつびを表しています。

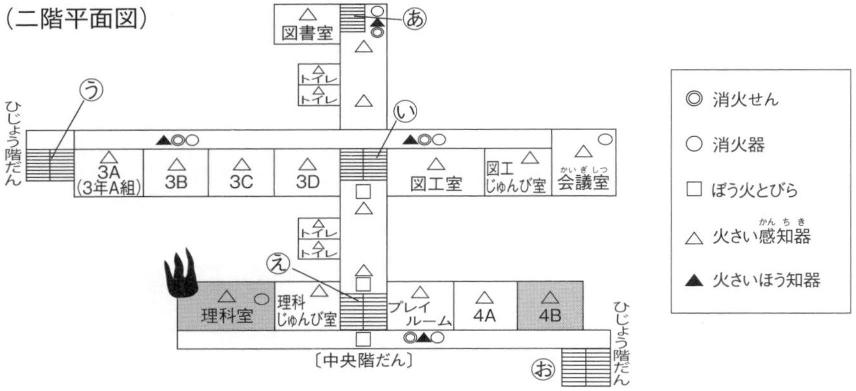

(1) 各教室の天じょうには、何がついていますか。（10点）

（　　　　　　　　　）

(2) 中央階だんには、火さい感知器と何が取り付けられていますか。（10点）

（　　　　　　　　　）

(3) 火さい感知器と消火器がせっ置しているところは、どことどこですか。（各10点）

（　　　　　　　　　）（　　　　　　　　　）

(4) ４年B組にいたときに理科室から出火しました。あ～おのどの階だんを使ってひなんするのがよいですか。（10点）

（　　　　　　　　　）

(5) 次の消ぼうせつびの名前を書きましょう。（各６点）

ア

（　　　　　　　　　）

イ

（　　　　　　　　　）

ウ

（　　　　　　　　　）

エ
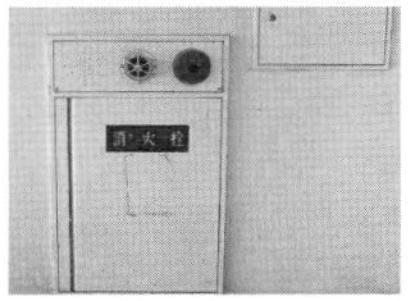
（　　　　　　　　　）

オ

（　　　　　　　　　）

(6) 次の４つのはたらきに合うせつびを、(5)のア～オから選んで（　　）に記号を書きましょう。（各４点）

① 火やけむりを感じ、火事を知らせる（　　）

② 火事を消すため（　　）（　　）

③ 火事が広がるのをふせぐ（　　）

④ 火事がおこったとき、安全ににげる（　　）

13 火事をふせぐ ②

学習日　／　1回目　／100点　答えは152ページ　2回目　／100点　できた！

1 次の写真は、消ぼうしの活動を写したものです。(　　)にあてはまる言葉を［　］からえらんで書きましょう。(各10点)

©伊丹市消防局

(①　　　　　　)(②　　　　　　)(③　　　　　　)

［車両の点けん　　くんれん　　ぼう火指どう］

2 消ぼうしのはたらきについて、(　　)にあてはまる言葉を［　］からえらんで書きましょう。(各10点)

① 消ぼうしのきんむは、当番・(　　　　)・休みに分けられる。

② 当番のとき(　　　)時間はたらく。

③ 出動指れいが出ると、すぐにとび出せるように(　　　　)にそうびをまとめている。

©伊丹市消防局

［ロッカー　　24　　ひ番］

3 次の図は、消ぼうのしくみについて書いたものです。

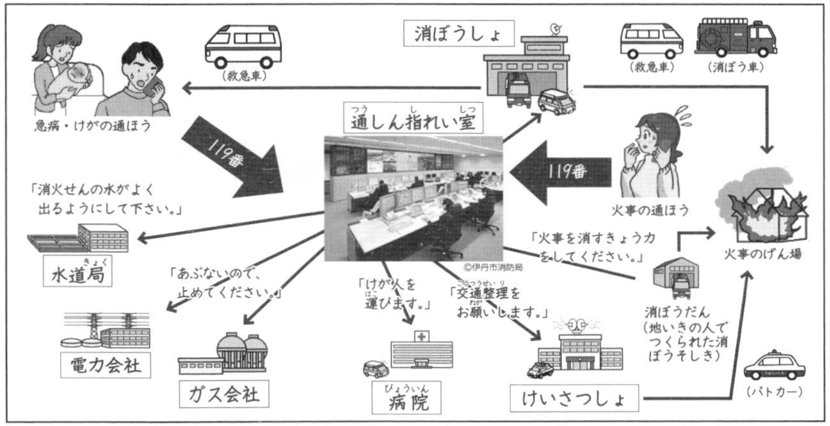

(1) 通ほうした電話は、どこにかかりますか。(10点)

(　　　　　　　　　　)

(2) (1)では火事のようすに合わせて、㋐～㋒のしせつへ連らくします。①～③にあてはまる記号を［　］から選んで書きましょう。(各10点)

① 消火せんの水がよく出るようにする。(　　)

② 消ぼう車を出動させ、消火活動をする。(　　)

③ 消火活動しやすいように、交通整理をする。

(　　)

［㋐消ぼうしょ　　㋑けいさつしょ　　㋒水道局］

14 交通事故をふせぐ ①

学習日　／

1回目　／100点　2回目　／100点

答えは152ページ

できた！

社会

1 交通事故が起こったとき、どうしたらいいのですか。次の図を見て答えましょう。

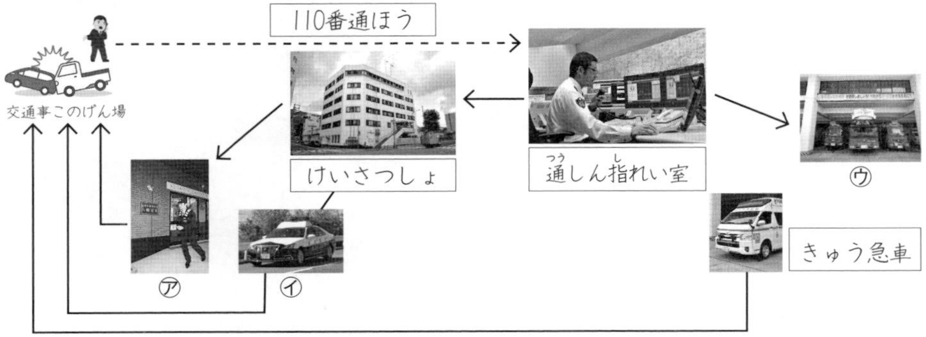

(1) 交通事故が起こったとき、何番に通ほうしますか。（7点）

［　　　　　番］

(2) 通ほうした電話はどこにつながりますか。（7点）

（　　　　　　　）

(3) (2)はどこに連らくしますか。（　）にあてはまる言葉を［　］から選んで書きましょう。（各10点）

㋐（　　　　　）　㋑（　　　　　）

㋒（　　　　　）

消ぼうしょ　　パトロールカー　　交番

(4) けが人を病院へ運ぶために連らくするところは、㋐～㋒のどれですか。（8点）　（　　　）

2 次の㋐～㋕は、交通事故が起こったときのようすや、けいさつ官の仕事を表したものです。①～⑥に、その場面を表している記号を書きましょう。（各8点）

㋐

㋑

㋒

㋓

㋔

㋕

①（　　）けいさつ官が事故のげん場で交通整理をしている。

②（　　）事故を起こした人・発見した人がけいさつに電話している。

③（　　）救急車でけが人を運ぶ。

④（　　）指れいを受けてパトカーがげん場に急ぐ。

⑤（　　）じゅうたいが起こらないように、電光けいじ板で事故を知らせる。

⑥（　　）事故のようすや原いんをその場で調べる。

15 交通事故をふせぐ ②

学習日 ／

1回目 ／100点　答えは152ページ　2回目 ／100点　できた！

1 次の表は、A市の交通事故の原いんをまとめています。

運転手による事故原いん

原いん	けん数
前方不注意	619
信号むし	582
一時停止いはん	434
速度の出しすぎ	310
その他	385

歩行者による事故原いん

原いん	けん数
信号むし	26
横だんきん止の所での横だん	21
飛び出し	15
その他	9

(1)　交通事故の原いんは、運転手と歩行者のどちらの場合が多いですか。 (10点)

（　　　　　）

(2)　運転手による原いんで一番多いものは何ですか。 (10点)

（　　　　　）

(3)　次の文で正しいもの３つに○をつけましょう。 (各８点)

①（　　）運転者、歩行者とも信号むしの事故が目立つ。

②（　　）信号むしや一時停止いはんなど、交差点で事故が起こりやすい。

③（　　）事故は全部運転者が原いんなので、歩行者のせきにんはない。

④（　　）運転者は歩行者が見えなければ、速度を出してもよい。

⑤（　　）歩行者も交通ルールを守れば、事故をへらすことができる。

2 次の道路標しきの説明であてはまるものを㋐～㋒から選んで書きましょう。 (各８点)

①

②

③

（　　）（　　）（　　）

㋐　自転車と歩行者だけが通ることができる。

㋑　必ず一時停止して、左右の安全をたしかめる。

㋒　人が道路を横だんしてはいけない場所。

3 （　　）にあてはまる言葉を[　　]から選んで、記号を書きましょう。 (各８点)

交通事故が起こりやすい所には（①　　　）や道路標しきをつけます。車から人を守るためには（②　　　）や歩道橋をつけたり、登下校中の子どもを守る（③　　　）をもうけたりもしています。

また、車に乗っている人が（④　　　）を着用することも命を守るために大事なことです。

㋐スクールゾーン　㋑チャイルドシート　㋒信号機　㋓ガードレール　㋔シートベルト

16 昔の道具と人びとのくらし

学習日　／

1回目　／100点　答えは152ページ　2回目　／100点　できた！

社会

1 次の絵は、昔使われていた道具です。あとの問いに答えましょう。　（（　）…各10点）

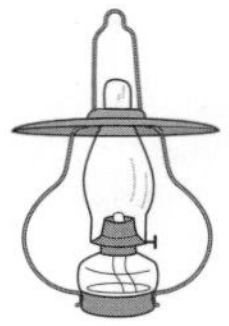
ランプ

かまど

いろり

ざしきほうき

湯たんぽ

おひつ

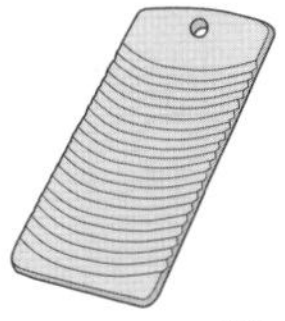
せんたく板

(1)　食べるときに使っていた道具は、どれですか。

（　　　　　　）

(2)　りょう理を作るために使われていた道具は、どれですか。

（　　　　　　）（　　　　　　）

(3)　そうじ、せんたくの道具として使われていたものは、どれですか。

（　　　　　　）（　　　　　　）

(4)　部屋の明かりとして使われていたものは、どれですか。

（　　　　　　）

2 次の絵は、昔と今の食事のようすを表しています。

①

②

(1)　①と②のどちらが昔のようすですか。　（10点）

（　　　）

(2)　正しい文2つに○をつけましょう。　（各6点）

㋐（　　）①のころ、りょう理するのに時間がかかった。

㋑（　　）②のころ、電気を使い生活がべんりになった。

㋒（　　）①のころ、水をくむのはかんたんだった。

(3)　古い順に（　　）に番号をかきましょう。　（各6点）

㋐（　　）　㋑（　　）　㋒（　　）

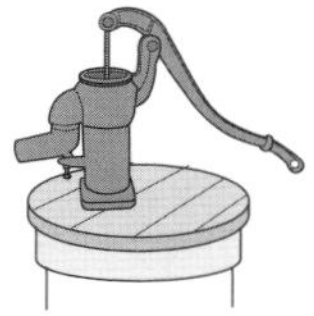
ポンプ

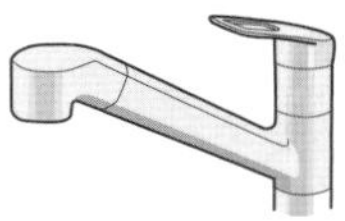
水道

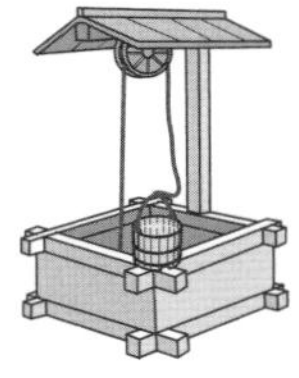
いど

1 里の春、山の春

学習日　／

1回目　／100点
2回目　／100点

できた！
答えは153ページ

文章を読んで、答えましょう。

野原にはもう春がきていました。さくらがさき、小鳥は鳴いておりました。（ア）、山にはまだ春はきていませんでした。山のおくには、①親子のしかがすんでいました。②ぼうやのしかは、生まれてまだ一年にならないので、春とはどんなものか知りませんでした。

あ「お父ちゃん、春ってどんなもの。」

い「春には花がさくのさ。」

う「お母ちゃん、花ってどんなもの。」

え「花ってね、きれいなものよ。」

お「ふうん。」

けれど、ぼうやのしかは、花を見たこともないので、花とはどんなものだか、春とはどんなものだか、よくわかりませんでした。ある日、ぼうやのしかはひとりで山のなかを遊んで歩きまわりました。（イ）、とおくのほうから、

か「ぼおん。」

とやわらかな音がきこえてきました。

き「なんの音だろう。」するとまた、

く「ぼおん。」

ぼうやのしかは、③ぴんと耳をたてていていました。（ウ）、その音にさそわれてどんどん山をおりてゆきました。

新美南吉（青空文庫）

---

(1) 野原に春がきたことがわかるようすを二つかきましょう。（各10点）

「　　　」
「　　　」

(2) ①はどこにすんでいますか。（10点）

「　　　」

(3) ア〜ウにあてはまる言葉を□からえらんでかきましょう。（各6点）

やがて	けれども	すると

ア（　　）　イ（　　）
ウ（　　）

(4) ②はどうして春を知らないのですか。（20点）

「　　　」

(5) あ〜くのうち、ぼうやのしかがいった言葉の記号をかきましょう。（各5点）

「　・　・　・　」

(6) ③のようにしてから、ぼうやのしかはどうしましたか。（12点）

「　　　」

国語

2 かん字①

学習日　／

1回目　／100点

2回目　／100点

できた！

答えは153ページ

1 次(つぎ)の——の読みをかきましょう。（各(かく)4点）

① **柱**（　）の板(いた)の**部分**（　）。

② **研究**（　）したことを**発表**（　）。

③ **銀行員**（　）が**待**（　）つ。

④ **全力**（　）で**投球**（　）をする。

⑤ **昭和**（　）の時代(じだい)を**調**（　）べる。

⑥ **勉強**（　）と遊(あそ)びの**両立**（　）。

2 画数の少ない方を□にかきましょう。あることばができます。（各4点）

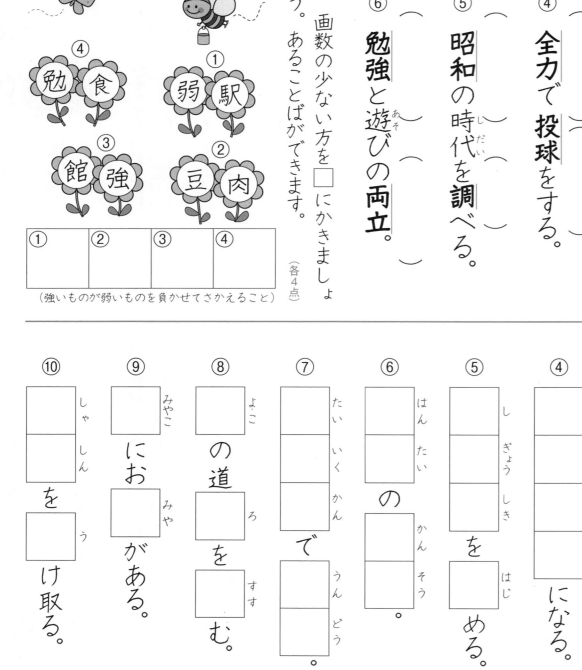

①	②	③	④

（強いものが弱いものを負かせてさかえること）

3 □の中にかん字をかきましょう。（各6点）

① □□(いんしゅ)運転は□(わる)い。

② □□(あんごう)で□□(つうち)する。

③ □□(いやく)品の□(はこ)。

④ □□□□(がっきゅういいん)になる。

⑤ □□□(しぎょうしき)を□(はじ)める。

⑥ □□(はんたい)の□□(かんそう)。

⑦ □□□(たいいくかん)で□□(うんどう)。

⑧ □(よこ)の道□(ろ)を□(すす)む。

⑨ □(みやこ)にお□(みや)がある。

⑩ □□(しゃしん)を□(う)け取る。

3 たけのこ

学習日　／

1回目　／100点
2回目　／100点

できた！
答えは153ページ

文章を読んで、答えましょう。

たけのこは遠くへいきたがってしょうがないので、お母さんの竹が

あ「そんなに遠くへいっちゃいけないよ、やぶの外に出ると馬の足にふまれるから。」

と、しかっていました。

①、いくらしかられても、ひとつのたけのこは（ア）遠くへもぐっていくのでした。

い「おまえはなぜお母さんのいうことをきかないの。」

と、お母さんの竹が聞きました。

う「あっちの方で美しいやさしい声がわたしをよぶからです。」

と、そのたけのこは答えました。

え「わたしたちにはなんにも聞こえやしない。」

と、ほかのたけのこたちは言いました。

お「けれど、わたしには聞こえます。それはもう、なんともいわれぬよい声です。」

と、そのたけのこはいいました。

（イ）、このたけのこはほかのたけのこたちとわかれて、かき根の外に頭を出してしまいました。

新美南吉（青空文庫）

(1) あ〜おは、だれがいっていますか。それぞれに分けましょう。（各5点）

Ⓐ お母さんの竹（　）（　）

Ⓑ ひとつのたけのこ（　）（　）

Ⓒ ほかのたけのこ（　）

(2) お母さんが、たけのこを遠くに行くのを止めるのはなぜですか。（20点）

［　　　　］

(3) ①の言葉に○をつけましょう。（10点）

そして　ついに　しかし

(4) ひとつのたけのこが、お母さんのいうことをきかないのはなぜですか。（20点）

［　　　　］

(5) ア・イにはようすをくわしく表す言葉が入ります。○をつけましょう。（各5点）

ア（ばんばん・こつこつ・どんどん）

イ（やれやれ・とうとう・さらさら）

(6) ひとつのたけのこは、どうなってしまいましたか。（15点）

［　　　　］

国語

4 かん字②

学習日　／

1回目　／100点

2回目　／100点

できた！
答えは153ページ

1 次(つぎ)の——の読みをかきましょう。（各(かく)4点）

① 決勝（　）で 注目（　）される。

② 世界(せかい)の祭（　）りの様子（　）。

③ 九州（　）で 休息（　）する。

④ 寒中（　） 水泳（　）をする。

⑤ 家族（　）を 全員（　）集(あつ)める。

2 次の□に合うかん字をかきましょう。（①、②…各10点）

① 新聞 □□（きしゃ）
　□□（きしゃ）に乗(の)る。

② □□（じんめい）きゅう助(じょ)する。
　□□（じんめい）じてんを見(み)る。

3 □の中にかん字をかきましょう。（各6点）

① □（かん）字の□□□（いみしら）べ。

② 大□（こん）の□（ね）の□（ぶ）分。

③ □（ぎん）行で□（きゃく）が□（ま）つ。

④ □□□□（けんきゅうはっぴょう）をする。

⑤ □□（べんきょう）と□（あそ）び。

⑥ □□（ようふく）屋の□□（しなもの）。

⑦ □□□□（ぜんりょくとうきゅう）する。

⑧ □□（しょうわ）の□（おも）い□（で）。

⑨ □（きゅう）に□□（はなぢ）が出る。

⑩ □（はしら）に□（いた）を□（う）つ。

5 白くまの子

学習日　／

1回目　／100点

2回目　／100点

できた！
答えは153ページ

文章を読んで、答えましょう。

　白くまは、北きょく海にのぞんだ、アラスカまたはシベリアにすんでいます。白くまは、水の中へ入っておよぐこともできます。真っ白な毛がふさふさとして、かわいらしい目をしていますが、㋐それはⒶたけしいけものです。

　あるとき、白くまの母親は子どもたちをつれて、氷山の上で遊んでいました。

「お母さんのそばを、はなれてはいけません。」

と、いいきかせました。㋑、①一ぴきのいうことをきかぬ子ぐまは、勝手に海鳥を追いかけていました。このとき、パチンと大きな音がして、氷のかたまりが二つにわれました。

　子ぐまののった氷のかたまりは㋒へ流れていきました。オーロラのかがやく空の下を、流されていきました。

「こまったなぁ。」と、思いました。

　岸につくと、毛皮をきたエスキモーのおじいさんが、しのびよって、頭からあみをかぶせました。子ぐまは生けどりにされたのです。そうして、おりに入れられて、遠い町の動物園へ送られました。

小川未明（青空文庫）

(1) 白くまは、どこにすんでいますか。（各10点）

［　　　　］［　　　　］

(2) ㋐は、何を指していますか。（15点）

［　　　　］

(3) Ⓐの意味として正しいものに、○をつけましょう。（10点）

① (　) よわよわしいけもの

② (　) いさましいけもの

③ (　) かわいらしいけもの

(4) ㋑にあてはまる言葉に○をつけましょう。（10点）

（そして　だから　けれど）

(5) ①は、どうしていましたか。（15点）

［　　　　］

(6) ㋒に入るこそあど言葉に○をつけましょう。（10点）

（こちら　どちら　あちら）

(7) ①の子ぐまは、さいごにどうなりましたか。（20点）

［　　　　］

国語

6 言葉と文① 言葉のなかまわけ

学習日　／

1回目　／100点

2回目　／100点

できた！　答えは153ページ

1 次の言葉を、名前言葉、動き言葉、ようす言葉に分けてかきましょう。（各3点）

つくえ　よろこぶ　速い
六秒　考える　美しい
歌う　明るい　一学期

名前	動き	ようす

2 ——の言葉から、動き言葉をえらんで（　）に基本形をかきましょう。（（　）…各5点）

（基本形…じてんにのっている形）

① 雪が　どっさり　つもった。
（　）（　）

② ちょうは　口を　のばして　みつを　すいます。
（　）（　）（　）

③ かばは　しっぽを　ぶんぶんと　ふって　あたりに　うんちを　まきます。
（　）（　）（　）

3 音なども、ようす言葉です。（　）に合うようす言葉を、□からえらんでかきましょう。（各6点）

① 木の葉が（　）落ちる。

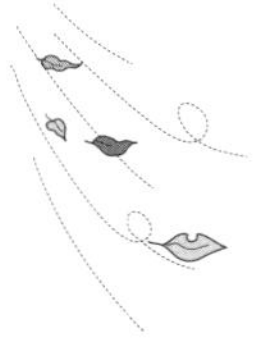

② かめは（　）歩く。

③ かみなりが（　）鳴る。

ゆっくり　ゴロゴロ　ひらひら

4 次の——の言葉は、㋐名前言葉、㋑動き言葉、㋒ようす言葉のどれですか。（　）に記号をかきましょう。（（　）…各3点）

(1) 大アリクイの口①（　）は、長い②（　）鼻の先についている③（　）。

(2) りすのほおは、ふくろ①（　）のように大きく②（　）ふくらむ③（　）。
りすは、大すきな④（　）どんぐり⑤（　）をもぐもぐ⑥（　）食べる⑦（　）。

7 手ぶくろを買いに

学習日 ／

1回目 ／100点
2回目 ／100点

できた！
答えは153ページ

文章を読んで、答えましょう。

ある朝、ほらあなから子どものきつねが出ようとしましたが、「あっ」とさけんで目をおさえながら、母さんぎつねのところへ転げてきました。

「母ちゃん、目に何かささった、ぬいてちょうだい早く早く。」

と言いました。

母さんぎつねがびっくりして、あわてふためきながら、目をおさえている子どもの手を㋐とりのけて見ましたが、何もささってはいませんでした。母さんぎつねは、ほらあなの入口から外へ出て初めてわけがわかりました。昨夜のうちに、真っ白な雪が㋑ふったのです。その雪の上からおひさまが㋒とてらしていたので、雪はまぶしいほど反しゃしていたのです。雪を知らなかった子ぎつねは、あまり強い反しゃをうけたので、Ⓐ目に何かささったと思ったのでした。

新美南吉（青空文庫）

(1) きせつは、いつですか。（10点）

［　　　　］

(2) 親子のきつねは、どこにすんでいますか。（10点）

［　　　　］

(3) どうして、子ぎつねは目をおさえながら、お母さんぎつねのところへきたのですか。（20点）

［　　　　］

(4) 文中の㋐～㋒はようすをくわしくする言葉が入ります。□からえらんでかきましょう。（各8点）

㋐（　　　）
㋑（　　　）㋒（　　　）

キラキラ　おそるおそる　どっさり

(5) 子ぎつねの目には、何かささっていましたか。（16点）

［　　　　］

(6) どうしてⒶと思ったのですか。（20点）

［　　　　］

国語 8 かん字③

学習日　／

1回目　／100点

2回目　／100点

できた！
答えは154ページ

1 次(つぎ)の――の読みをかきましょう。（各(かく)4点）

① **運動**の　**練習**をする。（　）（　）

② **笛**の曲(きょく)を**放送**する。（　）（　）

③ **予定**通り　**運**ぶ。（　）（　）

④ 中央(ちゅうおう)**病院**の　**二階**。（　）（　）

⑤ **家具**の　**商売**をする。（　）（　）

⑥ **陽気**な　**人気者**。（　）（　）

⑦ **氷**の　**温度**をはかる。（　）（　）

2 次の――のかん字の読みがなを（　）にかきましょう。（①、②…各6点）

① ㋐ 生き物（　）　㋑ 生物（　）　㋒ 作物（　）

② ㋐ 人間（　）　㋑ 空間（　）

3 □の中にかん字をかきましょう。（各6点）

① □□(りょうしん)は□□(きゅうしゅう)へ。

② □□(ちゅうもく)を□(あつ)める。

③ □□(りょくち)で□□(きゅうそく)。

④ □□(こうふく)な□□(かぞく)。

⑤ 人(ひと)の□(し)を□(かな)しむ。

⑥ サッカーの□□(けっしょう)戦(せん)。

⑦ □(みずうみ)で□□(かんちゅう)水泳。

⑧ □□(せかい)の□(まつ)り。

⑨ □(みなと)で□□(しごと)。

⑩ □□(でんぱ)に□(の)せる。

9 うた時計

学習日 ／

1回目 ／100点
2回目 ／100点

できた！
答えは154ページ

文章(ぶんしょう)を読んで、答えましょう。

「おじさんのポケット、なんだか、かたいつめたいものが入っているね。㋐これ何？」

「なんだと思う。」

「かねでできてるね…大きいね…何か、ねじみたいなもんがついてるね。」

と、少年が言うと、ふいに男の人のポケットから㋑美(うつく)しい音楽が流(なが)れ出したので、二人はびっくりした。男の人はあわてて、ポケットを上からおさえた。しかし、音楽は止まらなかった。天国で小鳥がうたってでもいるような美しい音楽は、まだつづいていた。

「おじさん、わかった、これ時計だろう。」

「うん、オルゴールってやつさ。お前がねじをさわったもんだから、うたい出したんだよ。」

「ぼく、この音楽だいすきさ。」

新美南吉(にいみなんきち)（青空文庫(ぶんこ)）

(1) ㋐は、何を指(さ)していますか。（10点）

［　　　　］

(2) ㋐を少年は、何だと思いましたか。（15点）

［　　　　］

(3) どうして(2)だと思ったのですか。（各(かく)10点）

① □□ でできている

② □□□ がついている

③ □□ みたいなものがついている

(4) 本当は㋐は何ですか。（10点）

［　　　　］

(5) ㋑は、どのような美しさですか。（15点）

［　　　　］

(6) どうして、㋑が流れ出したのですか。（20点）

［　　　　］

国語 10 かん字④

学習日　／

1回目　／100点

2回目　／100点

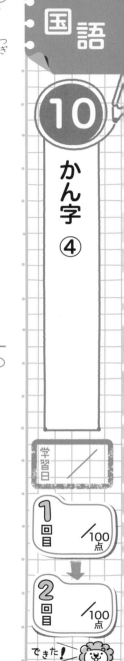

できた！

答えは154ページ

1

次（つぎ）の——の読みをかきましょう。（各（かく）4点）

① 消化（　　）に　役立（　　）つ食（た）べ物（もの）。

② 正面（　　）にある農家（　　）。

③ 橋（　　）の下（した）の水深（　　）をはかる。

④ 美（　　）しい起立（　　）と礼（れい）。

⑤ 植物（　　）の　落ち葉（　　）。

⑥ 感（　　）じたことを文章（　　）に。

2

次のじゅく語は、上下をひっくり返（かえ）すと、読み方がかわります。読みがなを（　）にかきましょう。（①、②…各8点）

① ㋐ 風雨（　　）　㋑ 雨風（　　）

② ㋐ 原野（　　）　㋑ 野原（　　）

3

□の中にかん字をかきましょう。（各6点）

① 中央□□（びょういん）に□（はこ）ぶ。

② □（かる）い□□（にもつ）を持つ。

③ □□（ようき）な□□□（にんきもの）。

④ □（ふえ）をふく□□（れんしゅう）。

⑤ □□（にかい）にある□□（どうぐ）。

⑥ □（あん）心して□□（しょうばい）する。

⑦ □（こおり）の□□（おんど）をはかる。

⑧ □□（くしん）して□□（さっきょく）。

⑨ □□□（よていどお）り□□（ほうそう）。

⑩ □（きゅう）に□（ひ）鳴が聞（き）こえる。

11 かえるの王さま

学習日 ／

1回目 ／100点

2回目 ／100点

答えは154ページ

文章を読んで、答えましょう。

あるところに、ひとりの王さまがいました。その王さまには美しいおひめさまがたくさんいました。その中でも、一番下のおひめさまは、①それはそれは美しい方でした。

（ア）、この王さまのおしろの近くに、こんもりとしげった森があって、その森の中の木の下に、きれいないずみが、こんこんとふきだしていました。

ある日、おひめさまは、②この森にきて、いつものようにすきなまり投げをして、遊んでいるうち、（イ）まりが手からそれて落ちて、いずみの中へころころ転げこんでしまいました。

いずみはとても深くて、そこは見えません。③おひめさまは悲しくなってなき出しました。（ウ）、どこからか、こう④おひめさまによびかける声がしました。おひめさま。どうなさいましたか。そんなになくと、石だって、おかわいそうだとなきますよ。おや、と思って、おひめさまは声のする方を見回しました。⑤そこに一ぴきのかえるが、頭を水の中からつきだして、こちらを見ていました。

グリム兄弟（青空文庫）

(1) ①は、だれですか。（10点）

［　　　　］

(2) ア〜ウにあてはまる言葉に○をつけましょう。（各7点）

ア（けれども・さて・そして）

イ（つい・だが・もし）

ウ（しかし・すると・だから）

(3) ②の森は、どこの森ですか。（10点）

□□□□□□の森

(4) どうして③のようになったのですか。（20点）

［　　　　］

(5) ④の声のところに「　」をつけましょう。（10点）

(6) ⑤は、何を指しますか。（14点）

□□□□□

(7) おひめさまは、何を見つけましたか。（15点）

［　　　　］

国語

12 言葉と文②
主語・述語・くわしくする言葉

学習日　／

1回目　／100点

2回目　／100点

できた！

答えは154ページ

1 次の文の主語に＝＝、述語に――を引きましょう。（各6点）

① こおろぎの　鳴き声は、温度に　よって　かわります。

② かたつむりの　えさは、やわらかい　わか葉です。

③ 土の　中の　球根の　根は　とても　多い。

④ こん虫は、ふつう　草むらや　木の　上で　くらす。

2 次の文で、主語は□に、述語は□にかきましょう。（各10点）

① こうもりは、自由に空をとびます。

主［　　］　述［　　］

② こうもりは、とぶときに、うすいまくを使います。

主［　　］　述［　　］

③ こうもりの体は、空をとぶためのつくりになっています。

（こうもりの）主［　　］　述［　　］

3 次の文で、〈れい〉のように、〜〜がくわしくしている言葉に――を引き、矢じるしをかきましょう。（各10点）

〈れい〉 列車が　長い　鉄橋を　わたった。

① 池に　たくさんの　わたり鳥が　ゆったりと　泳いでいる。

② 五才の　妹は　かわいい　服を　買って　もらった。

③ 弟は　三時の　おやつを　おいしそうに　食べた。

4 次の文で、□をくわしくしている言葉を〔　〕にかきましょう。（各8点）

① 駅前の新しい［ケーキ屋は］、人気がある。

〔　　〕〔　　〕

② わたしは、あまい　きれいな　［ケーキを］　食べた。

〔　　〕〔　　〕

13 カタツムリのひみつ

学習日　／

1回目　／100点　2回目　／100点

答えは154ページ

文章を読んで、答えましょう。

あたたかい春の雨が、わか葉をぬらすころ、カタツムリは長い冬みんからさめて活動を始めます。冬の間、何も食べていなかったカタツムリはおなかがぺこぺこです。やわらかいわか葉や木のめをもとめて、えさをさがしに向かいます。カタツムリはざらざらした㋐**した**をすりつけ、葉をけずりとるようにして食べます。

カタツムリは、晴れた日にはなかなか見つかりません。カタツムリは木の葉のかげや、草の根元にかくれているのです。

なぜ、カタツムリは夜や雨の日にしか活動しないのでしょう。カタツムリはもともと海に住んでいるまき貝のなかまです。晴れの日、空気がかわいていたら、カタツムリの体内の水分はどんどん外へにげてしまいます。カタツムリは、①いつも体の回りがしめっていなければ生きていけません。そのために、体中をねばねばした㋑**えき**でつつんでいます。雨上がりやしっ気の多い夜にであうことができます。

(1) カタツムリは何を食べますか。（各10点）

① （　　　）

② （　　　）

(2) ㋐・㋑の言葉をくわしくしている言葉をかきましょう。（各10点）

㋐ （　　　）

㋑ （　　　）

(3) カタツムリは晴れた日には、どんなところにかくれていますか。（各10点）

（　　　）

（　　　）

(4) カタツムリは、何のなかまですか。（10点）

（　　　）

(5) なぜ①なのですか。（15点）

（　　　）

(6) (5)のためにカタツムリは、どのようになっていますか。（15点）

（　　　）

国語

14 かん字⑤

学習日 ／

1回目 ／100点

2回目 ／100点

1 次の——の読みをかきましょう。（各4点）

① **湯**(ゆ)けむりの（　）**宿**（　）に**着**（　）く。

② **上等**（　）の**羊毛**（　）を使(つか)う。

③ **鉄橋**（　）のある**島**（　）。

④ この**問題**（　）は**有名**（　）だ。

⑤ **身**（　）につく**昔**（　）の**話**（　）。

⑥ **第一**（　）に**指名**（　）された。

2 画数の少ないかん字を□にかきましょう。あることばができます。（各4点）

①	②	③	④

（相手(あいて)と気持(きも)ちがぴったり合うこと）

3 □の中にかん字をかきましょう。（各6点）

① □(きし)近くの□□(すいしん)。

② □□(しょうめん)を□(む)く。

③ □(やく)に立つ□□(しょくぶつ)。

④ □(き)立、□(れい)で□(お)わる。

⑤ □(は)のいたみを□(かん)じる。

⑥ □□(しゅご)のない□□(ぶんしょう)。

⑦ □(のう)家の□(はたけ)を□(まも)る。

⑧ □□(よてい)を□□(しょうか)する。

⑨ □(はし)を□(とお)る□(はや)い車。

⑩ □(うつく)しい□(お)ち□(ば)。

できた！ 答えは154ページ

15 カブトムシの一日

学習日　／

1回目　／100点
2回目　／100点

答えは155ページ

文章を読んで、答えましょう。

日が落ちて、クヌギやコナラの木がしげる林の中が暗くなるころ、カブトムシは、動きはじめます。

昼の間、地中にもぐって、休んでいたカブトムシが、近くの木に登りはじめました。

(ア)、カブトムシは、前羽を開き、その中のうすい後ろ羽をのばしてとび立ちました。食べ物であるじゅえき（木から出るしる）をさがしにいくのです。じゅえきは、昼間より夜にたくさん出る、虫たちにとって大切な食べ物です。

(イ)、林の中でもじゅえきのたくさん出る木はそんなに多くありません。どうしても、取り合いが起こります。目のよくないカブトムシは、体をぶつけ、相手を追いはらいます。にげない相手には、大きな角を使って追いはらうのです。このようにして、明け方まで、おいしいじゅえきにありつきます。

(1) カブトムシは、昼間どうしていますか。（20点）

［　　　］

(2) カブトムシの食べ物は、何ですか。（10点）

［　　　］

(3) (2)は昼間と夜と、どちらがたくさん出ますか。（10点）

［　　　］

(4) どうして、(2)をめぐって取り合いが起こるのですか。（20点）

［　　　］

(5) ア・イにあてはまるつなぎ言葉を□からえらんでかきましょう。（各10点）

ア（　　　）　イ（　　　）

しかし　だから　そして

(6) カブトムシは、どのようにして相手を追いはらいますか。（各10点）

［　　　］

［　　　］

国語

16 かん字 ⑥

学習日 ／

1回目 ／100点
2回目 ／100点

できた！
答えは155ページ

1 次(つぎ)の――の読みをかきましょう。（各(かく)4点）

① **相談**相手(あいて)の**住所**。（　　）（　　）
② **詩**と**童話**をかく。（　　）（　　）
③ **石油**と**石炭**を買う。（　　）（　　）
④ **自由**と**平等**を守(まも)る。（　　）（　　）
⑤ **坂**の上にある**薬局**。（　　）（　　）

2 同じかん字でも、読み方によって送(おく)りがながちがいます。それぞれの送りがなをかきましょう。（各10点）

① ㋐ のぼる……上〔　　〕　㋑ あがる……上〔　　〕
② ㋐ ほそい……細〔　　〕　㋑ こまかい……細〔　　〕

3 □の中にかん字をかきましょう。（各6点）

① □□(じょうとう)の□□(けがわ)。
② □(ゆ)けむりの□(やど)。
③ □□(てっきょう)の□□(こうじ)。
④ □(しま)に船が□(つ)いた。
⑤ □□(もんだい)が□(み)につく。
⑥ □□□(ちくちょう)に□□(しめい)。
⑦ □(いのち)が□□(だいいち)だ。
⑧ □□(ようもう)を□(つか)う。
⑨ □□(ゆうめい)な□(むかし)の□(はなし)。
⑩ □□(きかん)の□(みじか)い□(ふゆ)。

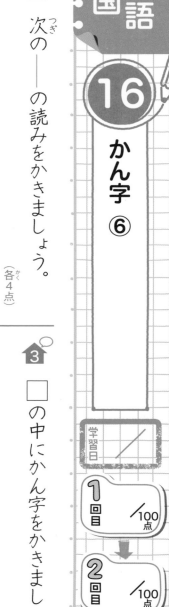

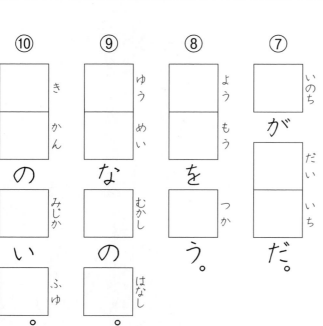

17 動物の口

文章を読んで、答えましょう。

動物の口の形はさまざまです。鳥のようなかたくて長いくちばし、かばのような大きな口…。どうして動物によって口の形がこんなにちがうのでしょうか。

リスの口はまるでふくろのように大きくふくらみます。大すきなどんぐりを口の中に入れて持ち帰るためです。冬の間に食べる分をすあなにためこみます。

オオアリクイの口は長い鼻の先についています。口は一センチメートルほどしか開きませんが、おとなのしたの長さは七十センチメートルもあります。その長くてべたべたしたしたをすばやく出し入れさせて、岩のおくにいる大すきな白アリをなめとります。

ペリカンには、下のくちばしに、魚をたくさんすくいとるために、のびちぢみするふくろがあります。まるで、バケツのようです。

このように、Ⓐ動物の口の形は、それぞれが食べている物と大きくかんけいしています。動物の口をかんさつすれば、どんな物を食べているのか、どのように食べているのかがわかります。

(1) 次の動物の口の形をかきましょう。（各10点）

① 鳥…（　　）

② かば…（　　）

(2) 次の口の動物をかきましょう。（各10点）

① 口が、長い鼻の先にある。（　　）

② 下のくちばしには、のびちぢみするふくろがある。（　　）

③ ふくろのように大きくふくらむ。（　　）

(3) 次の㋐～㋒は、(2)の①～③のどれとつながりがありますか。（　）に番号をかきましょう。（各10点）

㋐ 岩のおくにいる白アリを食べる。（　　）

㋑ どんぐりを口の中に入れる。（　　）

㋒ 魚をたくさんすくいとる。（　　）

(4) Ⓐは、何とかんけいがありますか。（20点）

学習日 ／

1回目 ／100点

2回目 ／100点

答えは155ページ

国語

18 言葉と文 ③ つなぎ言葉・こそあど言葉

学習日 ／

1回目 ／100点

2回目 ／100点

できた！ 答えは155ページ

1 次の（　）に合うつなぎ言葉を［　］からえらんでかきましょう。

①（各10点）
雨が、急にふってきた。
㋐（　　　）、運動会は中止になった。
㋑（　　　）、運動会は行われた。

②（各10点）
きのう、おそくまで勉強した。
㋐（　　　）、テストには合かくしなかった。
㋑（　　　）、テストで百点がとれた。

［しかし　そのうえ　だから］

［けれども　つまり　それで］

2 次の――のつなぎ言葉があると、あとの文はどうなりますか。正しい方に○をつけましょう。（各5点）

① 急に、雨がふり出した。だから、
試合を
㋐（　）中止した。
㋑（　）中止しなかった。

② ねぼうしたから、駅まで走った。しかし、
電車に
㋐（　）間に合った。
㋑（　）間に合わなかった。

3 次の（　）に合うこそあど言葉を［　］からえらんでかきましょう。（同じ言葉は二回使いません）（各10点）

①

（　　　）が地球だよ。

②

（　　　）は何の本かな。

③

（　　　）は夕食のおかずです。

④

（　　　）がさなぎですか。

⑤

肉をやきすぎた。
（　　　）はずではなかった。

［これ　それ　あれ　どれ　こんな］

19 長ぐつをはいたねこ

学習日 ／

1回目 ／100点

2回目 ／100点

できた！

答えは155ページ

文章を読んで、答えましょう。

むかし、あるところに、三人のむすこをもった粉ひき男がいました。貧ぼうでしたから、死んだあとで、子ども達に分けてやる財産は、粉ひきうすを回す風車と、ろばと、それから、ねこ一ぴきしかありませんでした。

さて、いよいよ財産を分けることになりましたが、Ⓐしごくむぞうさに、一番上のむすこが、風車をもらい、二番目のむすこが、ろばをもらい、すえのむすこが、ねこをもらうことになりました。すえのむすこは、Ⓑこんなつまらない財産を分けてもらったので、すっかりしょげかえってしまいました。

「兄さん達は、めいめいにもらった財産をいっしょにして働けば、りっぱにくらしていけるのに、ぼくだけはまあ、このねこを食べてしまって、それからその毛皮で手ぶくろをこしらえると、あとにはもうなんにも、のこりゃしない。おなかがへって、死んでしまうだけだ。」

すえの子は、不服そうにこういいました。

ペロー シャルル　楠山正雄訳（青空文庫）

(1) お父さんの仕事は何ですか。（15点）

［　　　　］

(2) お父さんが、それぞれのむすこに分けた財産は何ですか。（各15点）

① 一番上のむすこ…［　　　　］

② 二番目のむすこ…［　　　　］

(3) Ⓐの意味として、てき当なものに○をつけましょう。（10点）

①（　）よくよく考えて

②（　）本当に何も考えないで

③（　）みんなと相談して

(4) Ⓑは、何のことですか。（15点）

［　　　　］

(5) なぜⒷだと思ったのですか。（各10点）

① Ⓑを［　　　　］。

② Ⓑの毛皮で［　　　　］をつくる。

③ 何ものこらない。おなかがへって、［　　　　］しまうだけだから。

国語

20 かん字⑦

学習日　／

1回目　／100点

2回目　／100点

できた！

答えは155ページ

1 次(つぎ)の——の読みをかきましょう。（各(かく)4点）

① 去年（　　）負（　　）けたチーム。

② 駅(えき)に拾（　　）い物（　　）を返（　　）す。

③ 県(けん)の代表（　　）に　申（　　）しこむ。

④ 秒速（　　）を　速（　　）める。

⑤ 暑(あつ)い部屋（　　）に　進入（　　）。

⑥ 神社（　　）で　記帳（　　）する。

⑦ 登山家（　　）の後(あと)を追（　　）う。

2 反対(はんたい)・組になることばを——でむすびましょう。（各4点）

① 全体(ぜんたい)・　　・㋐ 入力

② 出力・　　・㋑ 部分(ぶぶん)

③ 手動(しゅどう)・　　・㋒ 自動

3 □の中に、かん字をかきましょう。（各6点）

① □□(せきゆ)と□□(せきたん)。

② □(さか)の上の□□(じゅうしょ)。

③ □(にわ)に水を□(なが)す。

④ □(し)を書くのを□(たす)ける。

⑤ □(きみ)が□(くば)り□(がかり)だ。

⑥ □□□□(そうだんあいて)になる。

⑦ □□(えざら)を□(かさ)ねる。

⑧ □□(やっきょく)が□□(かいてん)。

⑨ □□(どうわ)の□□(ひっしゃ)。

⑩ □□(じゆう)と□□(びょうどう)。

21 クモの糸

学習日　／

1回目　／100点
2回目　／100点

できた！
答えは155ページ

文章を読んで、答えましょう。

Ⓐクモのおしりには、糸を出すイボが六こあります。イボの先には小さなあながあいていて、おなかの中のえき体が㋐ここを通って出ると、細い糸になります。

クモのあみは、中心から外に向けて出ているたて糸と、うずまきじょうの横糸からできています。そのうち、ねばるのは横糸です。横糸を虫めがねで見ると、糸の上に小さなつぶがたくさんついています。このつぶが、ねばねばしたえき体でできているのです。㋑これが、体につくと虫たちは、動けなくなってしまうのです。（あ）クモは、虫をとらえているのです。

（い）、どうしてクモは自由に動けるのでしょうか。それは、クモは体の表面や足から油のようなものを出しているからなのです。このため、ねばねばしたつぶにふれても、くっつくことがないのです。（う）、クモの体の油がなければ、ほかの虫と同じようにくっついて動けなくなってしまうでしょう。

(1) Ⓐには、何がありますか。（10点）

（　　　　）

(2) ㋐・㋑は何を指していますか。（各10点）

㋐ イボの先の（　　　　）

㋑（　　　　）

(3) ① ねばねばするのはどの糸ですか。（10点）

（　　　　）

② 何のためにねばねばしているのですか。（16点）

（　　　　）

(4) （あ）～（う）にあてはまる言葉を□からえらんでかきましょう。（各8点）

（あ）（　　）　（い）（　　）　（う）（　　）

もし　こうして　では

(5) クモは、ねばねばしたつぶがついても動けるのは、なぜですか。（20点）

（　　　　）

国語 22 かん字⑧

学習日　／

1回目　／100点

2回目　／100点

できた！

答えは155ページ

1 次（つぎ）の——の読みをかきましょう。（各（かく）4点）

① 学級（がっきゅう）委員（　　）に　通知（　　）する。

② 体育館（　　）で　始業（　　）式（しき）。

③ 反対（　　）の道路（どうろ）を進（　　）む。

④ 写真（　　）を見た感想（　　）。

⑤ 飲酒（　　）運転（うんてん）は悪（　　）い。

2 次の□に合うかん字をかきましょう。（各10点）

① 山□□（かじ）が発生（はっせい）した。
　□□（かじ）の手つだい。

② □□（じんこう）がふえる。
　□□（じんこう）の湖（みずうみ）ができる。

3 □の中にかん字をかきましょう。（各6点）

① □□（とざん）の□（もう）しこみ。

② □（ひろ）い物（もの）を□（かえ）す。

③ □（えき）の□□（しゃこ）を見学（けんがく）。

④ □□（びょうそく）を□（ばい）にする。

⑤ □（けん）の□□（だいひょう）になる。

⑥ □□（きょねん）、□（ま）けたチーム。

⑦ □□（じんじゃ）で□□（きちょう）する。

⑧ □（あと）を□（お）って□□（しんにゅう）。

⑨ □（とう）ふを□□（いっちょう）買（か）う。

⑩ □（じつ）に□（あつ）い□□（へや）だ。

23 ミツバチのダンス

学習日　／

1回目　／100点

2回目　／100点

できた！
答えは156ページ

文章を読んで、答えましょう。

春になると、ミツバチたちは花をもとめて、あちらこちらへとび回ります。

ミツバチにとって、花のみつや花ふんは大切な食りょうです。ミツバチは、目としょっ角をはたらかせて、花を見分けます。

花に近づくと、まず口をのばしてみつをすい、体についた花ふんは、足でたくみにだんごの形に丸めて後ろ足の毛につけます。

す・に帰ってきたミツバチのみつは、みつの小部屋に、花ふんだんごは、花ふんの小部屋につめこみました。

それから、ミツバチたちは、す・の上で、はげしく羽をふって、円をえがいたり、８の字をえがいたり、しりふりダンスをはじめました。

㋐このダンスは、まわりのミツバチにみつのありかを知らせる合図なのです。円は、花畑は近く、８の字は遠くを表します。

ミツバチたちは、みつのにおいをおぼえこみ、みんなで花畑めざしてとんでいくのです。

---

(1) ミツバチは、何をはたらかせて、花を見分けますか。（各10点）

（　　　　）（　　　　）

(2) 食りょうは、何ですか。（各10点）

①［　　　　］
②［　　　　］

(3) (2)の②はどんな形にしますか。（10点）

（　　　　）

(4) ㋐は、どんなダンスですか。（10点）

［　　　　］ダンス

(5) (4)のダンスのしゅるいと、何の合図かをかきましょう。（各12点）

①［　］ダンス…花畑は（　　　　）
②［　　　］ダンス…（　　　　）

(6) 次の文を読んで、合うものに○をつけましょう。（各8点）

①（　）みつと花ふんはべつの小部屋につめる。
②（　）みつを見つけたミツバチは、うれしくてダンスをする。
③（　）ミツバチはみつのありかを教えるためにダンスを行う。
④（　）ミツバチは花畑のありかに目じるしをのこしておく。

国語

24 言葉と文 こそあど言葉④・ローマ字

学習日 ／

1回目 ／100点

2回目 ／100点

答えは156ページ

1 次のこそあど言葉は、何を指していますか。（各10点）

① きのう、図書館に行きました。そこには、たくさんの本があります。
〔　　　　〕

② 姉は、スカートを買いました。それを、とても気に入っています。
〔　　　　〕

③ 赤色の屋根が見えます。あれは、友だちの家です。
〔　　　　〕

④ 水族館に行きました。そこでは、イルカショーをやっています。
〔　　　　〕

2 次の文で、常体（ふつうの言い方）の文にはア、敬体（ていねいな言い方）の文にはイを（　）にかきましょう。（各6点）

(1)
①（　）その店は、すぐ近くだ。
②（　）その店は、すぐ近くです。

(2)
①（　）弟は、小学二年生です。
②（　）弟は、小学二年生だ。

3 国語じてんに出ているじゅんに、番号をかきましょう。（完答で各10点）

(1)
（　）こども
（　）がっこう
（　）しょうがくせい
（　）しょうがっこう

(2)
（　）ペンキ
（　）ペンギン
（　）べんきょう
（　）ペット

4 絵を見て、問いに答えましょう。

(1) ひらがなでかきましょう。（各3点）

①

hikôki
（　　　　）

②

dôbutu
（　　　　）

③
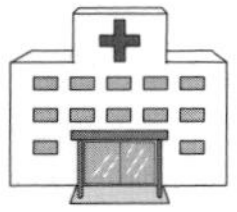
byôin
（　　　　）

④

kyôryû
（　　　　）

(2) ローマ字でかきましょう。（各8点）

①

（きって）

②
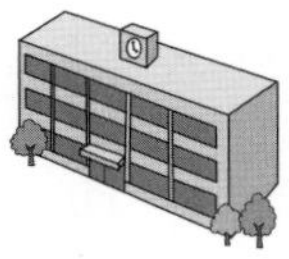
（がっこう）

25 まとめ ピーマンは、なぜ苦い

学習日　／

1回目　／100点

2回目　／100点

答えは156ページ

1 文章を読んで、答えましょう。

ピーマンは、苦いからきらいだというのは、しぜんなことなのです。なぜかというと、人間はしたで味を感じますが、そのうち「苦み」Ⓐは、どく物と感じて本のうてきにさけます。

㋐、なぜピーマンは苦いのでしょうか。それは、緑色のピーマンは、まだタネがじゅくしていないからです。植物は鳥などに実を食べてもらって、タネを遠くまで運んでもらっています。㋑、じゅくす前に鳥や虫に食べられてはこまるのです。

ピーマンもとらないでいると、赤くあまくなってきます。

(1) どうして、ピーマンはきらわれるのですか。（10点）

（　　　　）

(2) したはⒶを何だと感じますか。（10点）

（　　　　）

(3) ㋐・㋑に入るつなぎ言葉を□からえらんでかきましょう。（各5点）

㋐（　　　）　㋑（　　　）

そして　だから　では

(4) 緑色のピーマンは、なぜ苦いのですか。（15点）

（　　　　）

(5) タネを遠くまでどうやって運んでもらっているのですか。（15点）

［　　　　］

(6) ピーマンをとらないでいると、どうなりますか。（10点）

［　　　　］

2 体の部分を使った慣用句になるよう、――でむすびましょう。（各3点）

① 目が　・　　・㋐ 上がる

② 口が　・　　・㋑ いたい

③ うでが　・　　・㋒ 回る

④ 耳が　・　　・㋓ かたい

3 次のかん字の音読みと訓読みをかきましょう。（各6点）

(1) 年月　音（　　　）　訓（　　　）

(2) 風車　音（　　　）　訓（　　　）

(3) 草原　音（　　　）　訓（　　　）

国語

26 まとめ カメは、なぜおそいのか

学習日　／

1回目　／100点

2回目　／100点

できた！
答えは156ページ

1 文章を読んで、答えましょう。

ア歩くのが一番おそいといわれているカメは、なぜ速く走れないのか。

それは、まずカメは、体重の三わりにもなる重いこうらを持っていること。体重五〇キロの人が一五キロの荷物を持っているのと同じ。次に、カメの足は短く、曲がっているので、速く走れる体のつくりになっていない。また、てきに出会っても、こうらにかくれればいいし、食事も草なので、えものを追いかけなくてもよい。

カメは速く走れないのでなくて、イそうしなくても生きていけるようになっているのだ。

(1) アの動物は、何ですか。（10点）

〔　　　〕

(2) (1)の体のつくりについてかきましょう。（各15点）

① □□□□□

② 足は〔　　　〕

(3) なぜ、イなのですか。（各13点）

① 〔　　　〕にかくれる。

② 〔　　　〕を追いかけなくてもよい。

2 文章を読んで、答えましょう。

①むかし、甲子園②きゅうじょうのそばに、阪神パークがありました。昭和のはじめ、アそこの大プールには、くじらがいました。イそれは、生きたまま和歌山県から③はこんできたのです。そこから船で、甲子園浜まではこび、ウそこで、トラックに④のせかえて、大プールまではこんだそうです。

(1) ア～ウは、何を指していますか。（各6点）

ア〔　　　〕

イ〔　　　〕

ウ〔　　　〕

(2) ①～④の読みをかん字になおしましょう。（各4点）

① □　② □□

③ □　④ □

27 まとめ シロサイとクロサイ

学習日　／

1回目　／100点
2回目　／100点

できた！
答えは156ページ

1 文章(ぶんしょう)を読んで、答えましょう。

アフリカには、シロサイとクロサイがいる。色のちがいで名前がついているように思われるが、どちらもはい色で、あまりちがいはない。

口の形がちがうのである。シロサイは、地面(じめん)の草を一度(ど)にたくさんむしり取れるように、口が平(たい)らになっている。一方クロサイは、木の葉(は)を食べるので、葉をもぎ取りやすいように口先がとがっている。シロサイの口は広がっているので、口がワイドなサイといわれていた。そのワイドが聞きまちがってホワイト（白）になってシロサイになり、もう一方をクロサイとよぶようになったらしい。

(1) シロサイとクロサイのちがいは、何ですか。（8点）

〔　　　〕

(2) どのようにちがいますか。（各(かく)10点）

① シロサイ〔　　　〕

② クロサイ〔　　　〕

(3) どうして(2)のようになったのですか。（各15点）

① シロサイ〔　　　〕

② クロサイ〔　　　〕

(4) シロサイは、どの言葉から言われるようになりましたか。（10点）

□□□□□ ⇒ □□□□

2 次の文の主語(しゅご)と述語(じゅつご)を□・□にかきましょう。（各10点）

① 弟は、近くの公園で遊(あそ)んでいる。

主 □　述 □

② 赤ちゃんは、気持(きもち)よさそうにすやすやねている。

主 □　述 □

3 □に漢字(かんじ)をかきましょう。（各6点）

① たい よう・よう す

② びょう いん・いん しょく

28 まとめ クモの糸

学習日 ／

1回目 ／100点

2回目 ／100点

できた！ 答えは156ページ

1 文章を読んで、答えましょう。

クモのすは、かんたんにはらい落とせる（㋐）、だれもⒶクモの糸が強いとは思わないだろう。実さい、クモの糸は、直けい一〇〇〇分の五ミリしかないのだ。（㋑）、その糸をシャープペンシルのシンの太さ（一〇分の五ミリメートル）にまとめると、体重六〇キログラムの大人がぶら下がっても切れないぐらいの強さになるという。（㋒）、君も、①えい画のスパイダーマンのようになれるのだ。

クモの糸は、やわらかい部分とかたい部分が合わさっているので、強くて、のびちぢみにすぐれている。

(1) ㋐～㋒に入るつなぎ言葉を［　］からえらんで、かきましょう。（各8点）

しかし　だから　ので

㋐（　　）　㋑（　　）　㋒（　　）

(2) Ⓐの細さは、どれぐらいですか。（10点）

〔　　　〕

(3) どうして、スパイダーマンになれるのですか。図にあてはまる数字をかき入れましょう。（各8点）

①（　　）ミリメートル

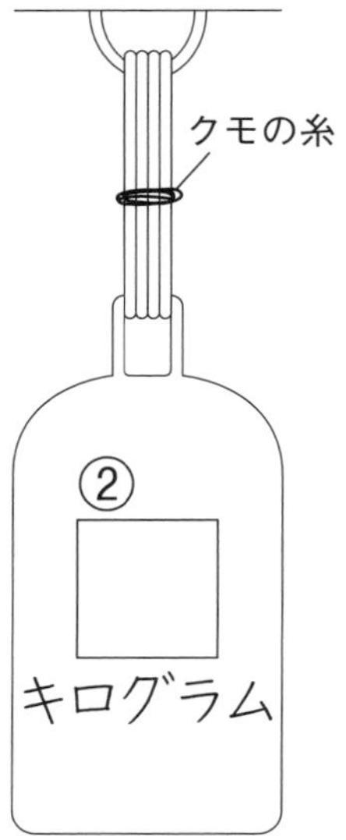

(4) Ⓐの強さは、どこにありますか。（各10点）

〔　　　〕部分と〔　　　〕部分が合わさっているから。

2 次のことばを組み合わせて、合わせことばを作りましょう。（各4点）

① かぜ＋くるま→（　　）

② 回る＋道→（　　）

③ 組む＋立てる→（　　）

3 反対・組になるかん字を使って言葉を作りましょう。（各6点）

強　冬　男　秋　弱　女　春　夏

①　②　③

29 まとめ

日食・月食になぜ食がつくの

学習日 ／

1回目 ／100点

2回目 ／100点

できた！
答えは156ページ

1 文章を読んで、答えましょう。

月が太陽をかくす日食や、地球のかげが月をかくす月食には、どちらにも食がついています。

なぜでしょうか。それは、太陽や月がかくされていくようすが、「まるで何かに食べられて、消えてなくなっていく」ように見えるからです。

少しむずかしいですが、昔は、「日蝕（にっしょく）」と書かれていました。「蝕」は、訓読みで「むしばむ」と読みます。太陽や月がかけていくようすが、虫が葉っぱを食べていくようすと同じように思ったからでしょう。

(1) 次の文は、何を表していますか。（各10点）

① 地球のかげが月をかくす。〔　　〕

② 月が太陽をかくす。〔　　〕

(2) (1)のどちらにもついている漢字をかきましょう。（10点）□

(3) (2)の漢字の昔の字は、訓読みでなんと読みますか。（10点）（　　）

(4) (3)と読んだのは、太陽や月がかけていくようすが何と同じように思ったからですか。（20点）〔　　〕

2 ■は、へんのなかまです。へんの名前を線でむすび、意味をあ～うからえらんで□にかきましょう。（各8点）

① 氵・　・ア にんべん □

② 亻・　・イ ごんべん □

③ 言・　・ウ さんずい □

あ 水に関係　い 人に関係　う 言葉に関係

3 次の漢字とにた意味の漢字を［ ］からえらんで□にかきましょう。（各4点）

① 金□　② □体　③ 森□　④ 道□

［林　路　銀　身］

国語

30

まとめ

コウモリの体

学習日 ／

1回目 ／100点

2回目 ／100点

できた！

答えは157ページ

1 文章を読んで、答えましょう。

コウモリは、ネズミのなかまです。（ア）、コウモリは空中を自由にとび回れます。コウモリには、羽の代わりになるうすいまくがあるからです。

コウモリの体をよく見ると、かさのほねのような細いうでや手の指の間にまくがついています。（イ）、コウモリの体重は、一円玉六こ分でわずかに六グラムしかありません。

また、コウモリの後ろ足は力が弱く、休むときには、さかさにぶら下がります。㋐そのとき、とぶためのまくは、おりたたみがさのようにおりたたみます。ときには前足でぶら下がることもあります。

ネズミのなかまでありながら、体のつくりは大きくことなるのです。

(1) コウモリは、何のなかまですか。（10点）

〔　　　〕

(2) コウモリは、羽の代わりに何をもっていますか。（10点）

〔　　　〕

(3) (2)は、どこについていますか。（15点）

〔　　　〕

(4) 文中の㋐・㋑に入るつなぎ言葉を［　］からえらんでかきましょう。（各10点）

㋐（　　　）

㋑（　　　）

［ しかし　そして　なぜなら ］

(5) ㋐のとき、まくは、何のようにおりたたみますか。（15点）

□□□□□□□

2 同じ漢字でも、読み方によって送りがながちがいます。それぞれの送りがなをかきましょう。（各5点）

㋐ いきる…生（　　）

㋑ うまれる…生（　　）

㋒ はえる…生（　　）

3 次の□に合う、同じ読み方の漢字を［　］からえらんでかきましょう。（各5点）

作文は□（ダイ）を□（ダイ）一に考えるのが□（ダイ）事だ。

［ 大　第　題 ］

31 まとめ

鬼六（おにろく）

学習日　／

1回目　／100点
2回目　／100点

できた！ 答えは157ページ

1 文章を読んで、答えましょう。

ある村の真ん中に、大きな川が流れていました。㋐その川は大へん流れが強くて速くて、昔から代々、村の人が何度橋をかけても、すぐ流されてしまいます。㋑村の人たちもこまりきって、都で名高い大工の名人をよんできて、今度こそ決して流され（あ）、じょうぶな橋をかけてもらうことにしました。㋒大工はせっかく見こまれてたのまれたので、うんといって引き受けてはみたものの、いよいよその場へ来てみて、さすがの名人（い）、㋓あっといっておどろきました。川の水はくるくる目の回るような速さで、うずをまいていました。

楠山正雄（青空文庫）

(1) ㋐は、どこを流れていますか。（10点）

［　　　　］

(2) どうして、村の人たちもこまりきっていたのですか。（20点）

［　　　　］

(3) ㋒は、どんな大工ですか。（10点）

［　　　　］

(4) 文中のあ・いに入る言葉を＝に気をつけてかきましょう。（各8点）

あ（　　）　い（　　）

| も　だろう　ない |

(5) どうして㋓のようになったのですか。（20点）

［　　　　］

2 次の文のつなぎ言葉で、正しい方に○をつけましょう。（各8点）

① 冬がきて、急に寒くなった ㋐（　）が、／㋑（　）ので、 ストーブを出した。

② 電気は止まった ㋐（　）が、／㋑（　）ので、 ストーブは使える。

③ ケーキを食べた ㋐（　）ので、／㋑（　）のに、 おまんじゅうも食べた。

国語

32 まとめ

ざしき童子（ぼっこ）のはなし

学習日 ／

1回目 ／100点

2回目 ／100点

1 文章を読んで、答えましょう。

明るい昼間、みんなが山へはたらきに出て、子どもが二人、庭で遊んでおりました。Ⓐ大きな家にだれもいませんでした（㋐）、そこらはしんとしています。

（㋑）、家のどこかのざしきで、Ⓑざわっざわっとほうきの音がしたのです。

二人の子どもは、Ⓒおたがいかたにしっかりと手を組み合って、（①）行ってみました（㋒）、どのざしきにもだれもいず、刀の箱も（②）として、かきねのひのきが、いよいよ青く見えるきり、だれもどこにもいませんでした。

ざわっざわっとほうきの音が聞こえます。

宮沢賢治（青空文庫）

(1) Ⓐは、どんなようすですか。（15点）

【　　　】

(2) ㋐〜㋒に入るつなぎ言葉をかきましょう。（各8点）

㋐（　　）　㋑（　　）　㋒（　　）

が　それで　から　ところが

(3) Ⓑは、どこでしましたか。（15点）

【　　　】

(4) ①②に入る、ようすを表す言葉をかきましょう。（各8点）

①（　　）　②（　　）

のっそり　ひっそり　こっそり

(5) Ⓒはどんなようすですか。正しいものに○をつけましょう。（10点）

①（　）早く見たくてたまらない。

②（　）だれがいるのか、不安。

③（　）きょうみがぜんぜんない。

2 次の□に合う漢字を□からえらんでかきましょう。（各10点）

①
・医者としての□□（シメイ）を守る。
・先生に□□（シメイ）された。

②
・文化□□（カイカン）ができる。
・□□（カイカン）は、九時からだ。

開館　会館　指名　使命

できた！ 答えは157ページ

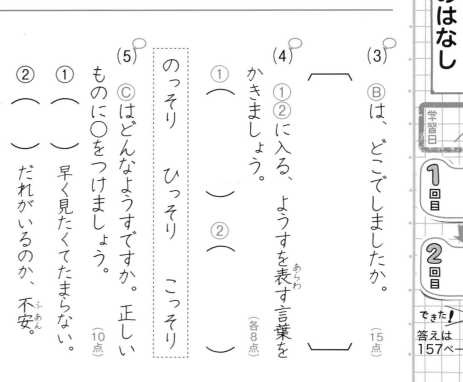

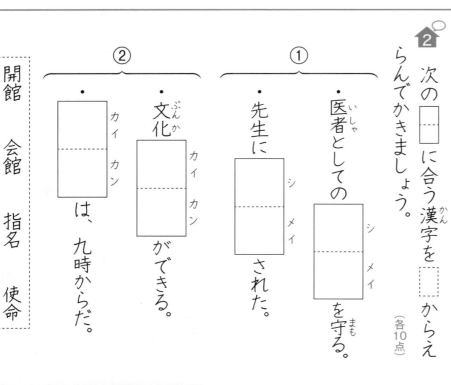

① アルファベットの大文字 ①

学習日 ／

1回目 ／100点

答えは157ページ

2回目 ／100点

できた！

1 次のアルファベットをなぞったあとに2回かきましょう。（1つ10点）

①  APPLE　A A A

②  BANANA　B B B

③  CAT　C C C

④  DOG　D D D

⑤  ELEPHANT　E E E

⑥  FISH　F F F

⑦  GUITAR　G G G

2 さる・いぬ・きじがテーブルの上のカードを見ています。それぞれどのように見えているか、線でむすびましょう。（1つ10点）

① 

② 

③ 

㋐ 

㋑ 

㋒ 

2 アルファベットの大文字 ②

学習日 ／

1回目 ／100点　答えは157ページ　2回目 ／100点　できた！

1 次のアルファベットをなぞったあとに2回かきましょう。（1つ10点）

① 
H H H

HARMONICA

② 
I I I

ICE CREAM

③ 

J J J

JUICE

④ 
K K K

KOALA

⑤ 
L L L

LEMON

⑥ 
M M M

MARKER PEN

⑦ 
N N N

NOTEBOOK

2 ●をつないでアルファベットをかきました。横に正しい向きで、そのアルファベットをかきましょう。（1つ5点）

① 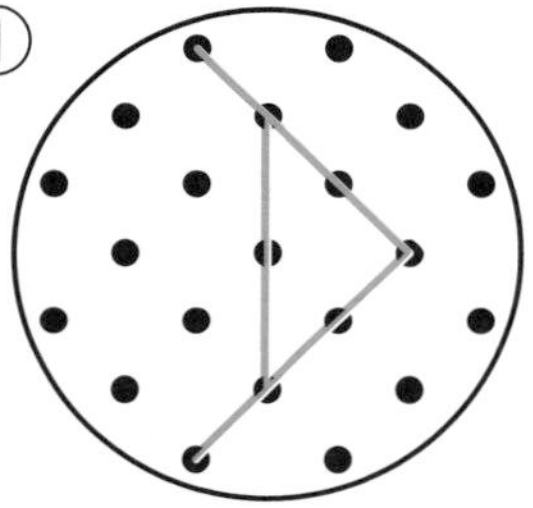

② 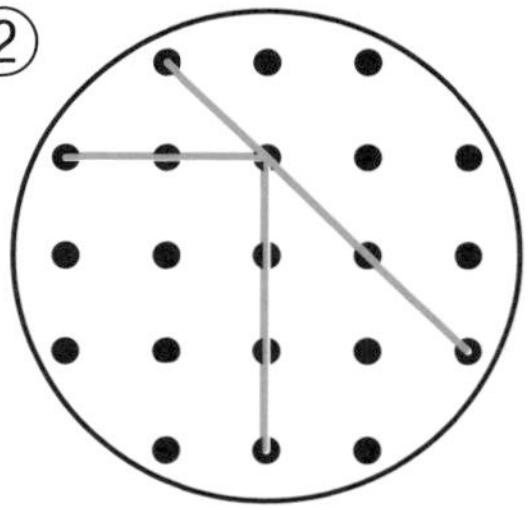

③ 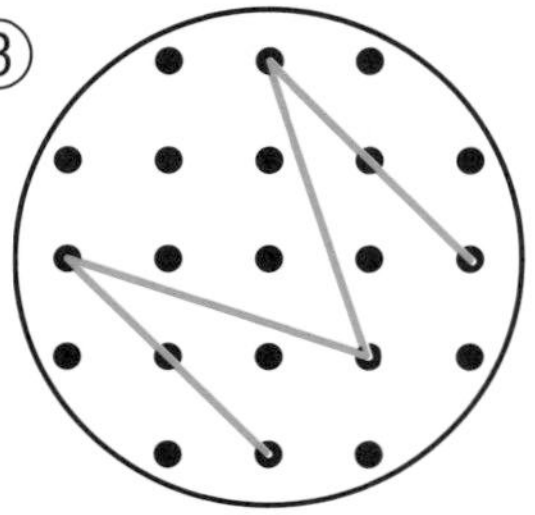

④ 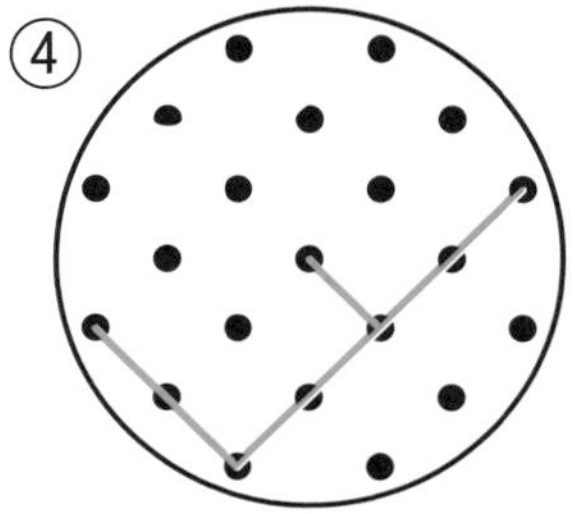

⑤ 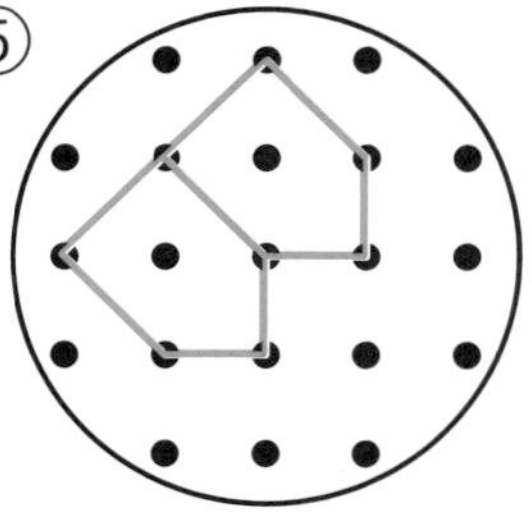

⑥ 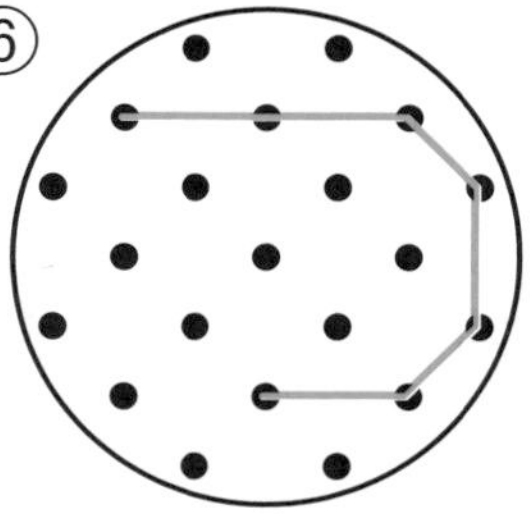

3 アルファベットの大文字 ③

学習日 ／

1回目 ／100点　答えは157ページ　2回目 ／100点

1 ちぎれたカードを線でむすんで、アルファベットをかんせいさせましょう。

（1つ7点）

①  ・　　　　・ ㋐ 

②  ・　　　　・ ㋑ 

③  ・　　　　・ ㋒ 

④  ・　　　　・ ㋓ 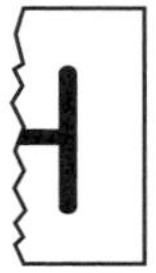

2 次のスタンプをおすと出てくるえいたん語は何ですか。絵の下にかきましょう。

（1つ8点）

① 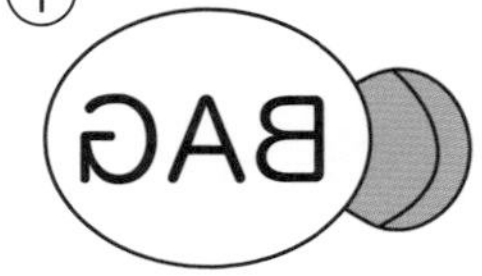

② 

③ 

3 左右のアルファベットを線でつなげると、下の絵のえいたん語ができます。できたえいたん語をかきましょう。

（線むすび1つ6点　えいたん語6点）

① BA ・　　　　・ ㋐ ALA

② A ・　　　　・ ㋑ NANA

③ JU ・　　　　・ ㋒ PPLE

④ KO ・　　　　・ ㋓ ICE

① 

② 

③ 

④ 

4 アルファベットの大文字 ④

1 次のアルファベットをなぞったあとに2回かきましょう。 （1つ10点）

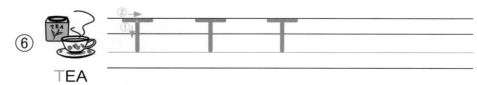

① 
ORANGE
O O O

② 
PIANO
P P P

③ 
QUEEN
Q Q Q

④ 
RED
R R R

⑤ 
SKIRT
S S S

⑥ 
TEA
T T T

⑦ 
UMBRELLA
U U U

2 絵のえいたん語になるように、□にアルファベットを入れましょう。 （1つ6点）

①  □ED

②  □EA

③  □RANGE

④  □IANO

⑤  □MBRELLA

5 アルファベットの大文字 ⑤

学習日 ／

1回目 ／100点　答えは157ページ　2回目 ／100点

1 次のアルファベットをなぞったあとに２回かきましょう。（１つ10点）

① 
VOLLEYBALL
V V V

② 
WATCH
W W W

③ 
FOX
X X X

④ 
YELLOW
Y Y Y

⑤ 
ZOO
Z Z Z

2 次の問いに答えましょう。

① うすくかかれたアルファベットをなぞりましょう。（１つ５点）

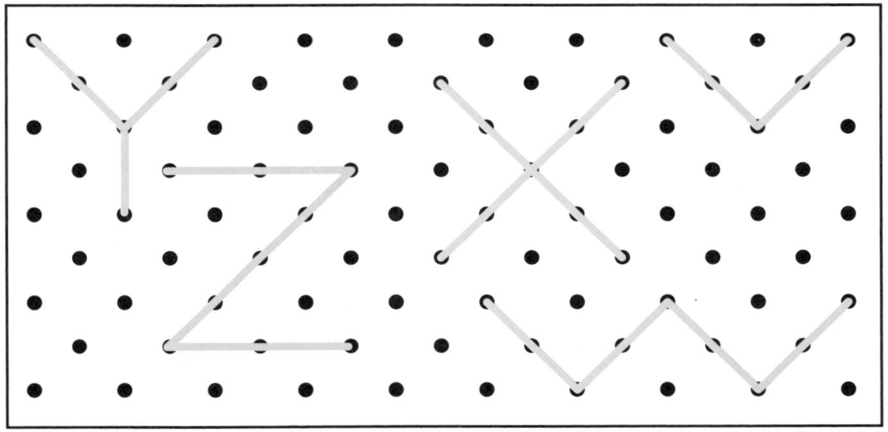

② ①と同じアルファベットをかきましょう。（１つ５点）

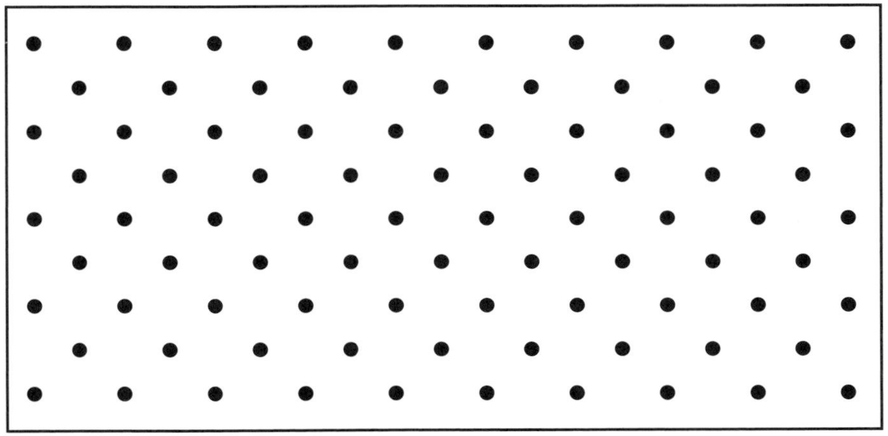

6 アルファベットの大文字 ⑥

学習日　／

1回目　／100点　答えは157ページ　2回目　／100点　＼できた！／

英語

1 絵にあうえいたん語を線でむすび、えいたん語をなぞってかきましょう。（1つ10点）

① 

黄色 ・　　・ WATCH

② 
ピアノ ・　　・ SKIRT

③ 
うで時計 ・　　・ PIANO

④ 
女王 ・　　・ YELLOW

⑤ 
スカート ・　　・ QUEEN

2 A～Zまで、アルファベットのじゅんになるように線でむすび、絵をかんせいさせましょう。（完答50点）

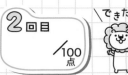

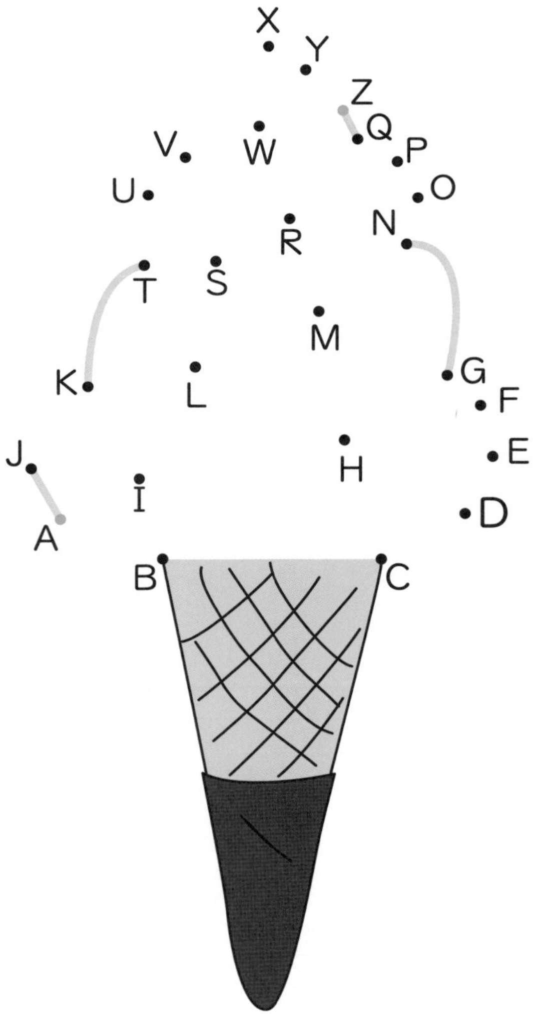

7 アルファベットの小文字 ①

学習日 ／

1回目 ／100点　答えは158ページ　2回目 ／100点　できた！

1 次のアルファベットをなぞったあとに2回かきましょう。（1つ10点）

① 

announcer

a a a

② 
bird

b b b

③ 
cake

c c c

④ 
dodge ball

d d d

⑤ 
eraser

e e e

⑥ 

french fries

f f f

⑦ 
glove

g g g

2 赤ずきんとおおかみとおばあさんがテーブルの上のカードを見ています。それぞれどのように見えているか、線でむすびましょう。（1つ10点）

① ② ③ ④ ⑤

㋐ ㋑ ㋒

8 アルファベットの小文字 ②

学習日　／

1回目　／100点　答えは158ページ　2回目　／100点

＼できた！／

1 次のアルファベットをなぞったあとに2回かきましょう。（1つ10点）

① 
horse
h h h

② 
ice
i i i

③ 
jam
j j j

④ 
kiwi fruit
k k k

⑤ 
lion
l l l

⑥ 
music
m m m

⑦ 
nurse
n n n

2 ●をつないでアルファベットをかきました。横に正しい向きで、そのアルファベットをかきましょう。（1つ5点）

① 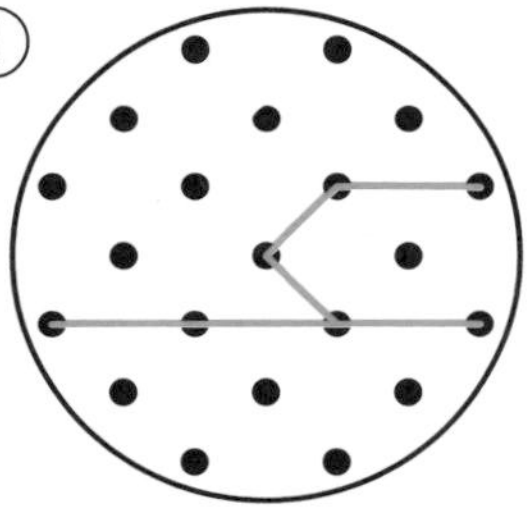

② 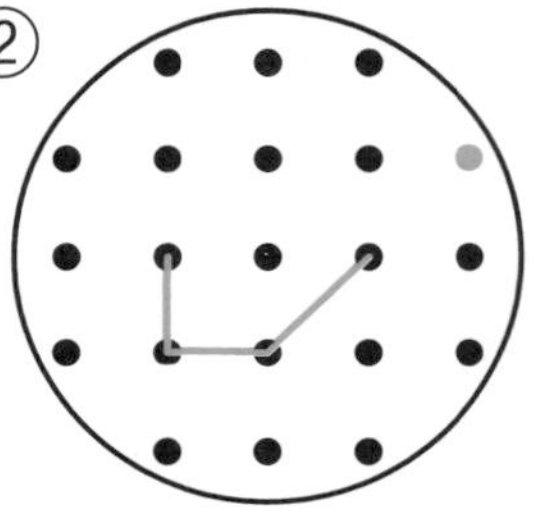

③ 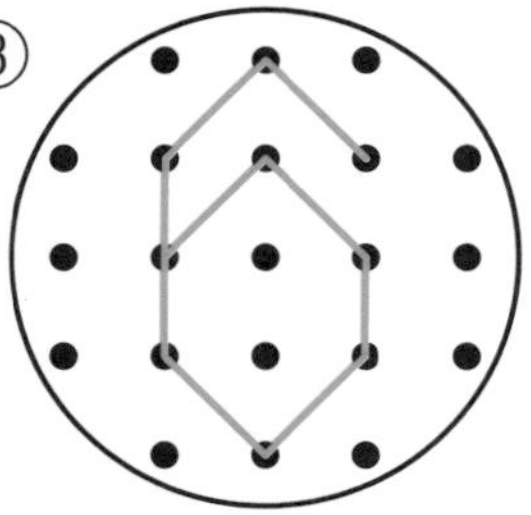

④ 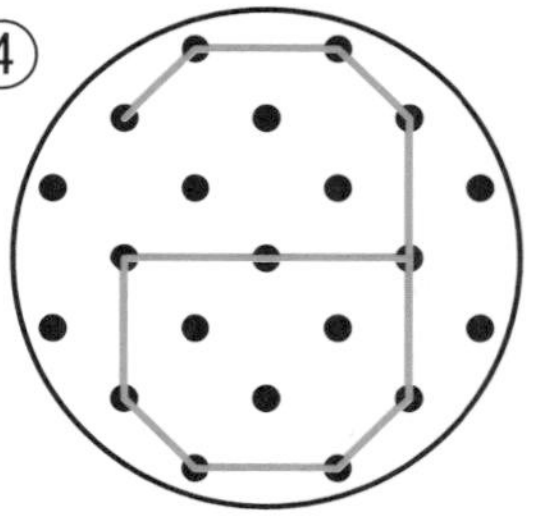

⑤ 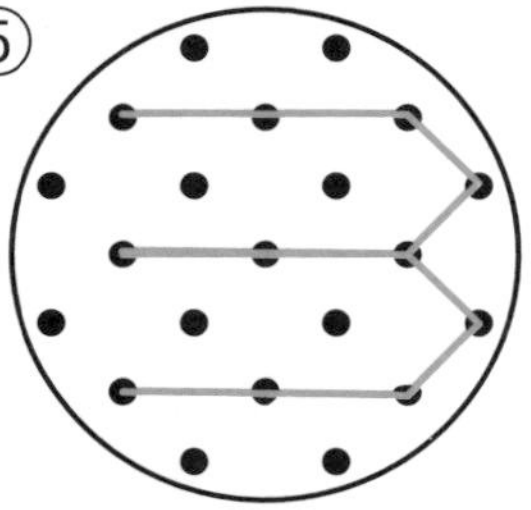

⑥ 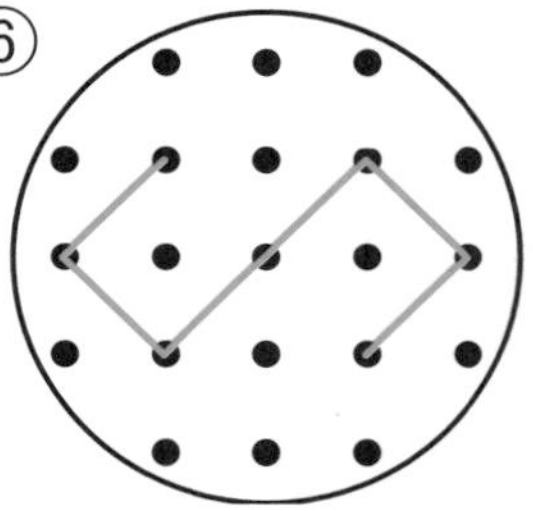

9 アルファベットの小文字 ③

学習日 /

1回目 /100点　答えは158ページ　2回目 /100点

1 左右のアルファベットを線でつなげると、下の絵のえいたん語ができます。できたえいたん語をかきましょう。（1つ5点）

① ho　　　　㋐ sic

② era　　　　㋑ on

③ mu　　　　㋒ ser

④ li　　　　㋓ rse

（えいたん語30点）

① 

② 

③ 

④ 

2 ちぎれたカードを線でむすんで、アルファベットをかんせいさせましょう。（1つ5点）

① 　　　　㋐ 

② 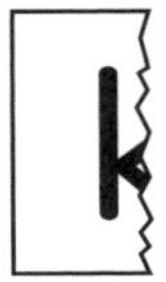　　　　㋑ 

③ 　　　　㋒ 

④ 　　　　㋓ 

3 次のスタンプをおすと出てくるえいたん語は何ですか。絵の下にかきましょう。（1つ10点）

① 

② 

③ 

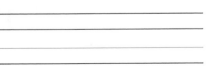

10 アルファベットの小文字 ④

1 次のアルファベットをなぞったあとに2回かきましょう。（1つ10点）

① 
octopus
o o o

② 
pizza
p p p

③ 
quiz
q q q

④ 
rabbit
r r r

⑤ 
strawberry
s s s

⑥ 
table
t t t

⑦ 
uniform
u u u

2 絵のえいたん語になるように、□にアルファベットを入れましょう。（1つ6点）

①  □uiz

②  □izza

③  □niform

④  □able

⑤ 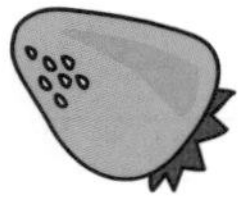 □trawberry

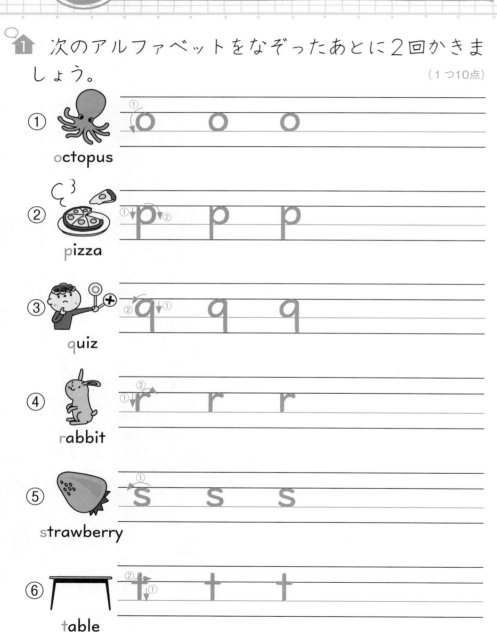

11 アルファベットの小文字 ⑤

学習日　／

1回目　／100点　答えは158ページ　2回目　／100点

1 次のアルファベットをなぞったあとに2回かきましょう。（1つ10点）

①  violin　v v v

②  white　w w w

③  box　x x x

④  yacht　y y y

⑤  zebra　z z z

2 次の問いに答えましょう。

① うすくかかれたアルファベットをなぞりましょう。（1つ5点）

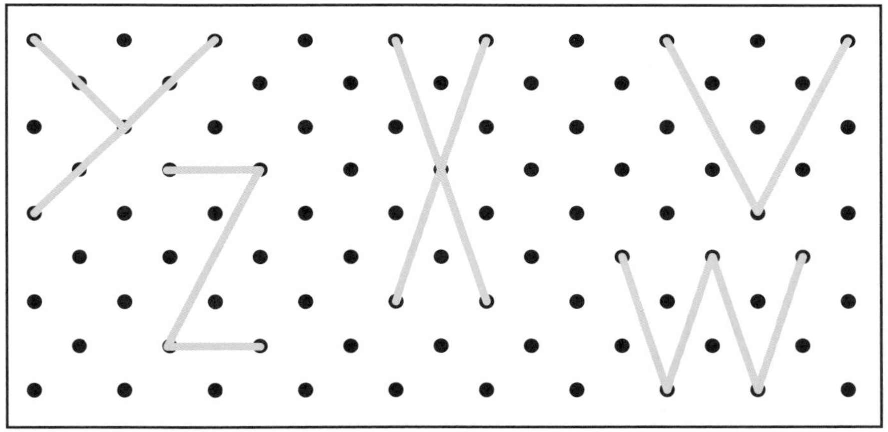

② ①と同じアルファベットをかきましょう。（1つ5点）

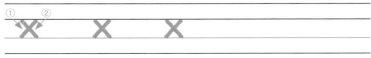

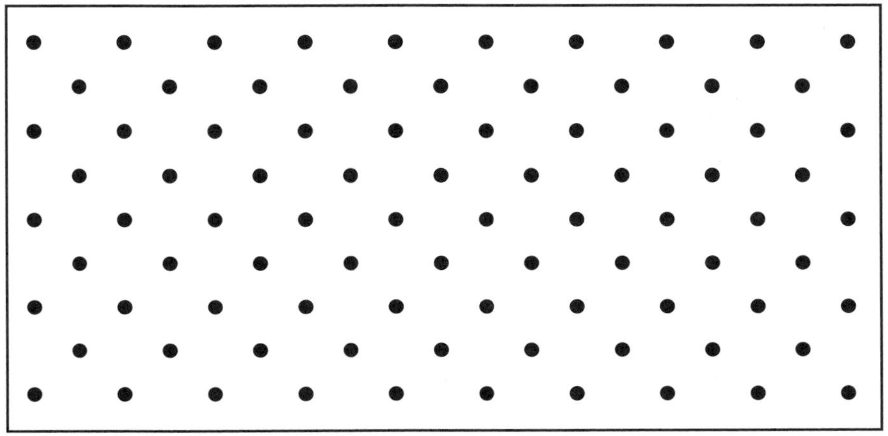

12 アルファベットの小文字 ⑥

1 絵にあうたん語を線でむすび、たん語をなぞってかきましょう。（1つ10点）

① 
ウサギ ・　　・ white

② 
ヴァイオリン ・　　・ box

③ 
タコ ・　　・ rabbit

④ 
箱 ・　　・ octopus

⑤ 
白 ・　　・ violin

2 アルファベットのじゅんになるように線でむすび、絵をかんせいさせましょう。（完答50点）

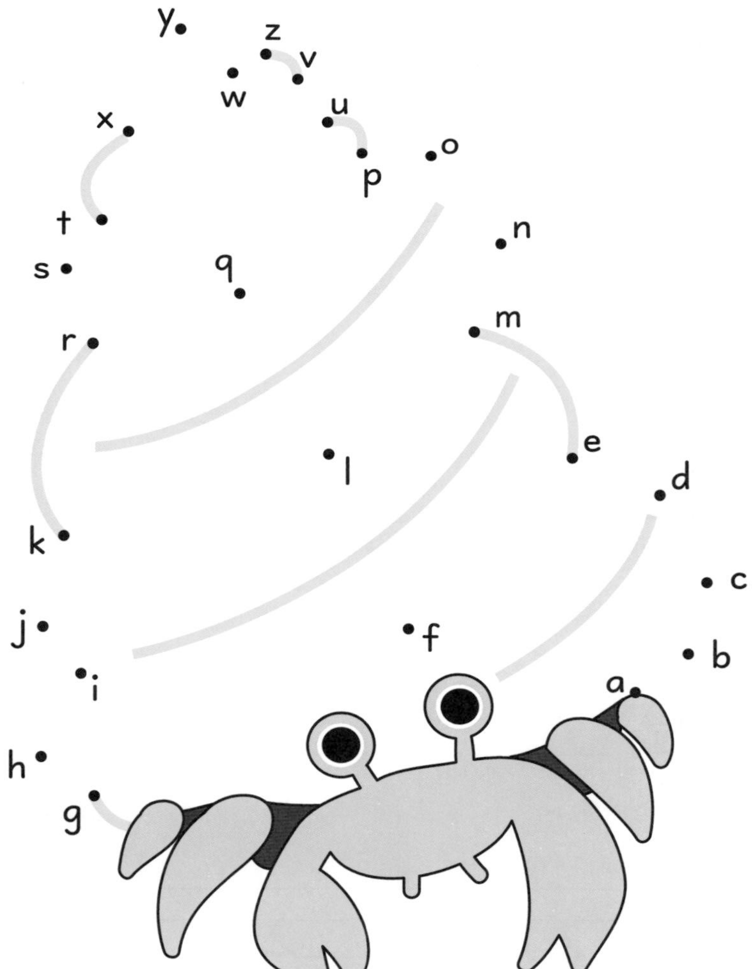

全科ノート　小学3年生　答え

算数

1 大きい数のしくみ ①………………〈P. 3〉

1

	千	百	十	一 万	千	百	十	一
①				9	3	3	7	6
②			5	5	8	1	6	6
③		3	3	6	8	6	9	3

	千	百	十	一 万	千	百	十	一
④	2	6	2	0	0	0	0	0
⑤		3	0	7	4	0	0	0
⑥			5	8	0	0	0	0

2 ①　7、5、6

②　一万、9

3

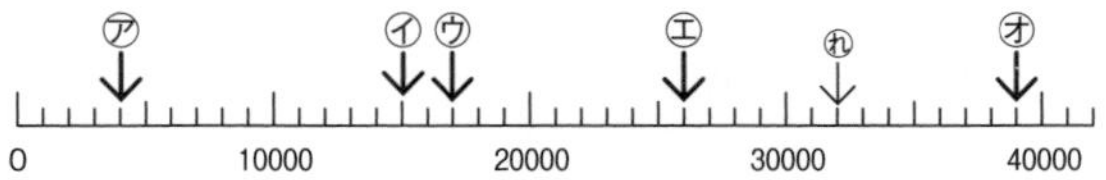

4 ㋐　9万　㋑　14万　㋒　23万　㋓　27万

5 ①　（左から）1、3、2

②　（左から）1、4、3、2

2 大きい数のしくみ ②………………〈P. 4〉

1 ①　（左から）500、5

②　（左から）6000、60

③　（左から）40300、403

2 ①　（左から）4800、48000

②　（左から）650000、6500000

3 ①　二万五千七百三十四

②　八千万二千七十三

4 ①　60021810

②　3000117

5 ①　＞　②　＝　③　＜

6 ①　76543

②　10234

7 ①　72万　②　480万

3 わり算 ①………………………〈P. 5〉

1 ①　3　②　7　③　6　④　9

⑤　3　⑥　6　⑦　8　⑧　9

⑨　4　⑩　5

2 ①　（左から）9、6　②　（左から）7、7

③　（左から）6、5　④　（左から）8、9

⑤　（左から）5、0

3 ①　6　②　9　③　0　④　7

⑤　3　⑥　8　⑦　7　⑧　7

⑨　4　⑩　5　⑪　5　⑫　7

⑬　9　⑭　7　⑮　2　⑯　4

⑰　2　⑱　8　⑲　3　⑳　4

4 わり算 ②………………………〈P. 6〉

1 （式）　36÷4＝9　答え　9こ

2 （式）　35÷5＝7　答え　7こ

3 （式）　15÷3＝5　答え　5まい

4 （式）　48÷8＝6　答え　6本

5 （式）　りんご　18÷6＝3

みかん　24÷6＝4

答え　りんご3こ、みかん4こ

5 わり算 ③………………………〈P. 7〉

1 （式）　45÷5＝9　答え　9本

2 （式）　48÷6＝8　答え　8箱

3 （式）　15÷3＝5　答え　5本

4 （式）　35÷7＝5　答え　5こ

5 （式）　50－2＝48

48÷8＝6　答え　6箱

6 わり算 ④………………………〈P. 8〉

1 ㋑、㋓

2 （式）　30÷5＝6　答え　6人

3 （式）　32÷8＝4　答え　4人

4 （式）　48÷6＝8　答え　8箱

5 （式）　30÷6＝5

5－2＝3　答え　3箱

7 たし算の筆算……………………〈P. 9〉

1 ①　798　②　826　③　740

④　527　⑤　780　⑥　805

⑦　732　⑧　410　⑨　851

⑩　800　⑪　803　⑫　922

2 ①　779　②　485　③　501

④　201　⑤　790　⑥　900

3 ①　6634　②　8200　③　14162　④　14000

8 ひき算の筆算 〈P. 10〉

1 ① 643 ② 300 ③ 235
④ 355 ⑤ 471 ⑥ 603
⑦ 454 ⑧ 417 ⑨ 498
⑩ 98 ⑪ 369 ⑫ 406

2 ① 213 ② 40 ③ 169
④ 13 ⑤ 645 ⑥ 91

3 ① 4726 ② 3586
③ 6549 ④ 6728

9 たし算とひき算 ① 〈P. 11〉

1 （式） 415＋98＝513 答え 513円

2 （式） 790＋820＝1610 答え 1610羽

3 （式） 5810＋6255＝12065 答え 12065人

4 （式） 1000－675＝325 答え 325まい

5 （式） 5000－3600＝1400
答え さくらが1400本多い

6 （式） 720－245＝475 答え 475さつ

10 たし算とひき算 ② 〈P. 12〉

1 （式） 395＋258＝653 答え 653円

2 （式） 86＋202＝288 答え 288ページ

3 （式） 865－437＝428
答え お姉さんが428円多く持っている

4 ① （式） 537＋177＝714 答え 714円
② （式） 714＋148＝862
1000－862＝138 答え 138円

5 （式） 8848－3776＝5072
答え エベレストが5072m高い

11 時こくと時間 ① 〈P. 13〉

1 ① 午後５時10分 ② 午後３時15分
③ ４時間40分 ④ ３時間35分

2 ① 午前６時45分 ② 45分間
③ 午前８時15分 ④ 午後０時15分

12 時こくと時間 ② 〈P. 14〉

1 ① 60 ② 195
③ １、15 ④ 150 ⑤ 32

2 ① 15秒 ② 16秒
③ ４時間21分 ④ ３時間42分

3 （式） 14時10分－７時20分＝６時50分
答え ６時間50分

4 ① 秒 ② 時間 ③ 分 ④ 分 ⑤ 秒

5 ① （式） １時間45分＋95分＝３時間20分
答え ３時間20分
② （式） １時間45分－１時間35分＝10分
答え 谷川さんが10分間多く歩いた

13 長さ ① 〈P. 15〉

1 ㋐ ７m88cm ㋑ ７m94cm
㋒ ８m６mm ㋓ ８m４cm

2 ① 3000 ② 8 ③ 4
④ 900 ⑤ ２、530 ⑥ ３、70
⑦ ６、５ ⑧ 4330 ⑨ 37065

3 ① ２km200m ② 800m
③ ２km ④ １km800m
⑤ ２km400m ⑥ ２km500m

4 ① m ② cm ③ mm
④ km ⑤ cm

14 長さ ② 〈P. 16〉

1 ① (イ)，２km700m
② （式）(ア) 1400＋1900＝3300
(エ) 550＋2100＋500＝3150
3300－3150＝150
答え (エ)，150m短い
③ （式）2700＋3010＝5710 答え ５km710m

2 ① 630m
② （式） 850＋300＝1150
答え 1150m，１km150m
③ （式） のぶ子さん 350＋200＝550
みかさん 300＋375＝675
675－550＝125
答え みかさんが125m遠い

15 小数のしくみ 〈P. 17〉

1 ① 1.7L ② 0.3L

2 ① 0.1 ② 0.6 ③ 1.2
④ 2.3 ⑤ 2.9

3 ① △ ② ○
③ △ ④ ○

4 ① ４、９ ② 15 ③ 2.7 ④ 8.6

5 ① 5.7 ② 1、3
③ 3.5 ④ 20、4

6 ① < ② >
③ < ④ >
⑤ < ⑥ >

16 小数のたし算 〈P. 18〉

1 ① 0.9 ② 0.7 ③ 1 ④ 1
⑤ 1.6 ⑥ 1.9 ⑦ 5.6 ⑧ 4
⑨ 9.1 ⑩ 7.7

2 ① ㋐
② ㋑

3 ① 7.5 ② 8.1 ③ 6.6
④ 14.2 ⑤ 16.3 ⑥ 10.3
⑦ 7.4 ⑧ 8.5 ⑨ 10

4 ① 7.5 ② 10.4 ③ 10.9

17 小数のひき算 〈P. 19〉

1 ① 0.4 ② 0.4 ③ 1.8 ④ 1.5
⑤ 0.3 ⑥ 0.9 ⑦ 2 ⑧ 2.7
⑨ 4 ⑩ 0.7

2 ① ㋑
② ㋐

3 ① 4.5 ② 2.5 ③ 3.9
④ 3.9 ⑤ 0.8 ⑥ 6.8
⑦ 2.4 ⑧ 0.6 ⑨ 1.6

4 ① 2.3 ② 1.9 ③ 0.1

18 小数の文章題 〈P. 20〉

1 （式） 3.2＋1.8＝5 答え 5 L
2 （式） 3.8－1.5＝2.3 答え 2.3m
3 （式） 2.4＋1.6＝4 答え 4 km
4 （式） 1.6＋0.8＝2.4 答え 2.4 L
5 （式） 5.2－3.2＝2 答え ぞうが2t重い
6 （式） 4.2－1.8＝2.4 答え 2.4m

19 分数のしくみ 〈P. 21〉

1 ① $\frac{3}{5}$L ② $\frac{5}{6}$L ③ $\frac{3}{8}$L

2 ① $\frac{5}{6}$m ② $\frac{3}{8}$m ③ $\frac{3}{10}$m

3 ① 1，$\frac{5}{7}$，$\frac{3}{7}$，$\frac{2}{7}$ ② $\frac{9}{5}$，$\frac{7}{5}$，1，$\frac{2}{5}$

4 ① ㋐ $\frac{3}{10}$ ㋑ $\frac{7}{10}$ ㋒ $\frac{9}{10}$
② ㋓ 0.3 ㋔ 1.1

5 ① $\frac{1}{10}$ ② $\frac{8}{10}$ ③ $\frac{11}{10}$

6 ① > ② ＝
③ < ④ >

20 分数のたし算・ひき算 〈P. 22〉

1 ① $\frac{5}{9}$ ② $\frac{6}{7}$
③ $\frac{8}{9}$ ④ $\frac{2}{3}$
⑤ $\frac{4}{5}$ ⑥ $\frac{7}{10}$
⑦ $\frac{3}{3}=1$ ⑧ $\frac{5}{5}=1$
⑨ $\frac{4}{7}$ ⑩ $\frac{2}{5}$
⑪ $\frac{1}{4}$ ⑫ $\frac{2}{9}$
⑬ $\frac{9}{10}$ ⑭ $\frac{5}{8}$
⑮ $\frac{1}{2}$ ⑯ $\frac{1}{3}$

2 （式） $\frac{3}{7}+\frac{2}{7}=\frac{5}{7}$ 答え $\frac{5}{7}$ L

3 （式） $1-\frac{3}{8}=\frac{8}{8}-\frac{3}{8}=\frac{5}{8}$ 答え $\frac{5}{8}$ m

4 （式） $1-\frac{2}{5}-\frac{1}{5}=\frac{5}{5}-\frac{2}{5}-\frac{1}{5}=\frac{2}{5}$ 答え $\frac{2}{5}$ L

21 あまりのあるわり算 ① 〈P. 23〉

1 ③、⑥、⑦、⑧

2 ① 15÷6＝2…3
〈たしかめ算〉 6×2＋3＝15
② 37÷4＝9…1
〈たしかめ算〉 4×9＋1＝37
③ 50÷9＝5…5
〈たしかめ算〉 9×5＋5＝50

3 ① ㋑ ② ㋐ ③ ㋑

4 ① 6…2 ② 6…6
③ 9…5 ④ 6…2

22 あまりのあるわり算 ② 〈P. 24〉

1 ① あ，り，ま，の，る，わ，り，あ，ん，ざ
② あまりのあるわりざん

2 ① 6…8 ② 1…7 ③ 1…4
④ 4…4 ⑤ 8…2 ⑥ 6…7

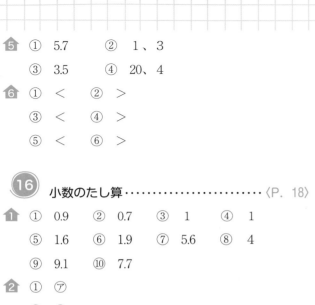

⑦ 2…8　⑧ 1…3　⑨ 3…6
⑩ 2…7　⑪ 7…3　⑫ 1…6
⑬ 1…7　⑭ 6…3　⑮ 3…5
⑯ 4…8　⑰ 7…4　⑱ 8…4
⑲ 5…7　⑳ 7…2

23 あまりのあるわり算 ③ ……………〈P. 25〉

1 ① 25, 7　② 35, 4　③ 47, 6

2 （式） 48÷7＝6…6　答え　6dLで6dLあまる

3 （式） 34÷4＝8…2　8＋1＝9　答え　9きゃく

4 ① 5…5　② 2…6　③ 8…7
④ 2…3　⑤ 1…5　⑥ 7…8
⑦ 4…5　⑧ 4…5　⑨ 3…6
⑩ 2…2　⑪ 1…3　⑫ 7…1
⑬ 7…3　⑭ 3…6　⑮ 5…5
⑯ 4…3　⑰ 1…5　⑱ 6…4
⑲ 2…4　⑳ 3…2

24 あまりのあるわり算 ④ ……………〈P. 26〉

1 （式） 46÷8＝5…6
答え　1人分は5こで、6こあまる

2 （式） 27÷6＝4…3
答え　4皿できて、3こあまる

3 （式） 41÷6＝6…5
答え　6ケースできて、5本あまる

4 （式） 55÷8＝6…7　答え　6本

5 （式） 60÷7＝8…4　8＋1＝9
答え　9ふくろ

6 （式） 46÷5＝9…1　9＋1＝10　答え　10日

25 三角形と角 ① ……………………〈P. 27〉

1 ① ㋑, ㋒, ㋙　② ㋓, ㋕, ㋖

2 ① 二等辺三角形　② 正三角形
③ 正三角形

3 ① ㋒, ㋗　② ㋖　③ ㋕

4 ① 二等辺三角形　② 4cm

26 三角形と角 ② ……………………〈P. 28〉

1 ①
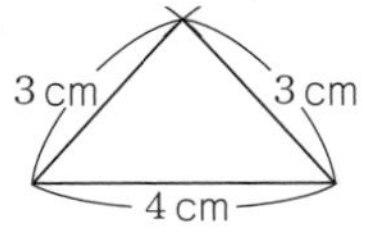

②
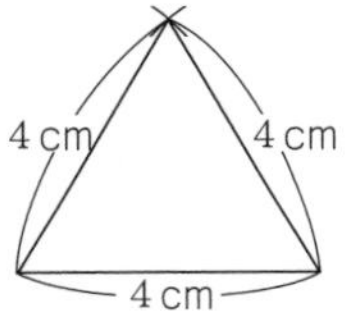

③
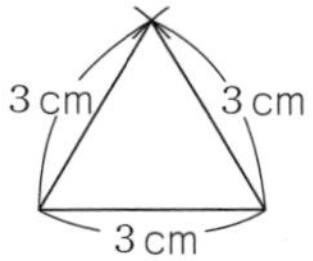

④（れい）
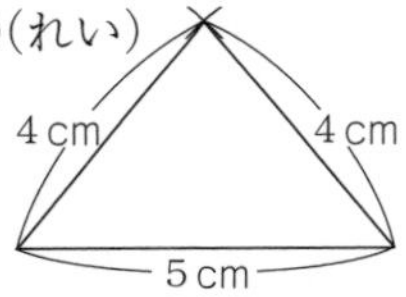

2 ① （れい）
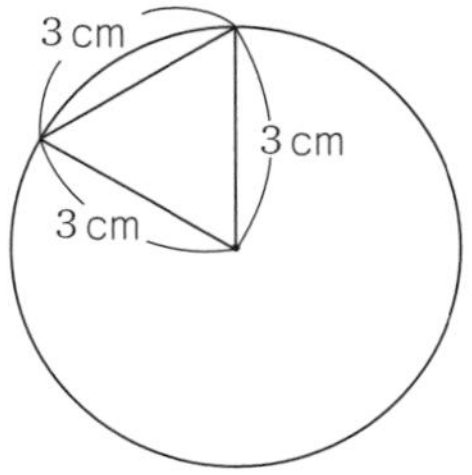

② （れい）
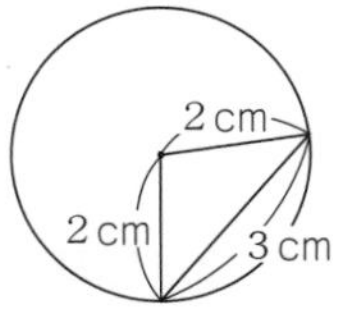

3
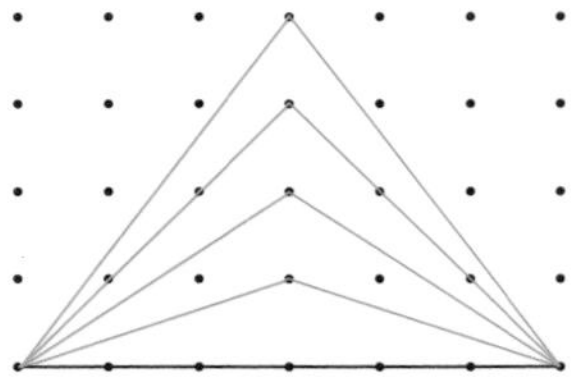

27 円と球 ① ……………………〈P. 29〉

1 ① △　② ○　③ ×　④ △

2 (1) ㋑
(2) 直径

3 ① 6cm　② 10cm　③ 8cm

4 （式） 20÷4＝5　答え　直径5cm, 半径2.5cm

5 ① （式） 3×2×2＝12　答え　12cm
② （式） 3×2×4＝24　答え　24cm

28 円と球 ② ……………………〈P. 30〉

1 ①
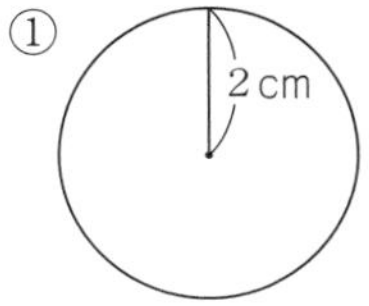

②
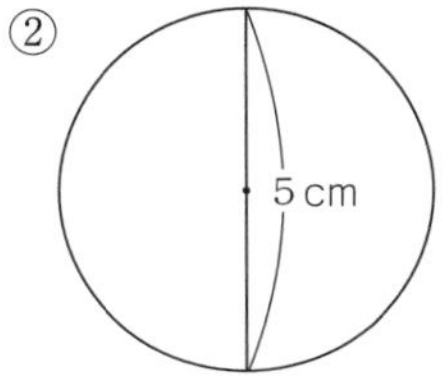

③
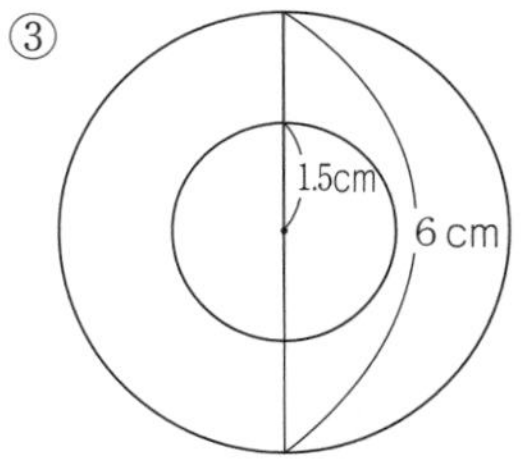

2
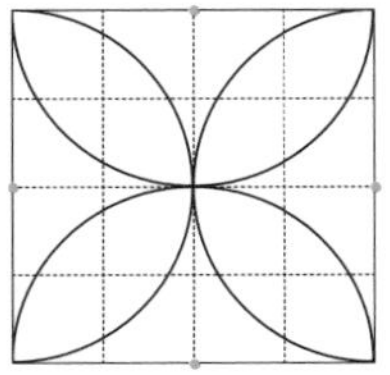

（かき方）
コンパスのはりを図の4点にさし、半円をかく。

3 (1)

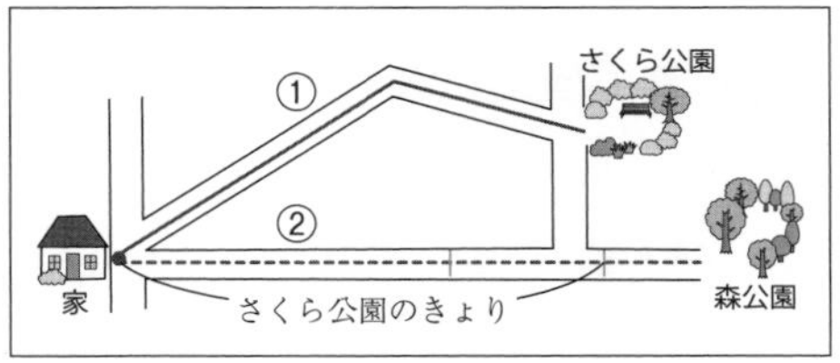

(2) さくら公園

29 かけ算（2けた×1けた）①………………〈P. 31〉

1 ① 84 ② 69 ③ 84
④ 81 ⑤ 96 ⑥ 84
⑦ 90 ⑧ 90 ⑨ 70
⑩ 216 ⑪ 540 ⑫ 729
⑬ 486 ⑭ 248 ⑮ 350
⑯ 504 ⑰ 315 ⑱ 312
⑲ 553 ⑳ 522 ㉑ 112
㉒ 301

2 ① 208 ② 531 ③ 546

30 かけ算（2けた×1けた）②………………〈P. 32〉

1 （式） 32×5＝160 答え 160人

2 （式） 46×8＝368 答え 368まい

3 （式） 55×7＝385 答え 385ページ

4 （式） 20×4＝80 答え 80cm

5 〈図〉

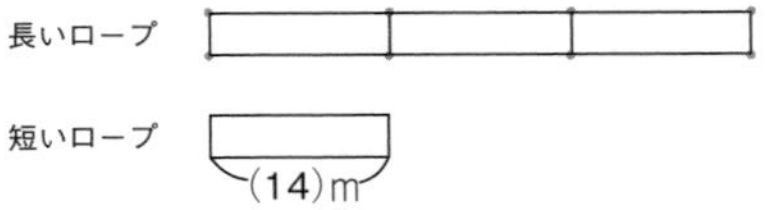

（式） 14×3＝42 答え 42m

31 かけ算（3けた×1けた）①………………〈P. 33〉

1 ① 936 ② 804 ③ 840
④ 876 ⑤ 896 ⑥ 590
⑦ 789 ⑧ 928 ⑨ 924
⑩ 608 ⑪ 720 ⑫ 700
⑬ 464 ⑭ 978 ⑮ 681
⑯ 794 ⑰ 858 ⑱ 936
⑲ 875 ⑳ 774 ㉑ 980
㉒ 3790

2 ① 3912 ② 7032 ③ 4044

32 かけ算（3けた×1けた）②………………〈P. 34〉

1 （式） 136×4＝544 答え 544円

2 （式） 435×5＝2175 答え 2175円

3 （式） 346×9＝3114 答え 3114m

4 （式） 583×8＝4664
4664－164＝4500 答え 4500円

5 ① （式） 238×6＝1428 答え 1428円
② （式） 950×7＝6650 答え 6650mL

33 表とグラフ ①……………………〈P. 35〉

1 ①

くだもの	人数（人）
いちご	13
りんご	9
ぶどう	6
みかん	4
その他	5
合計	37

② もも、かき

③

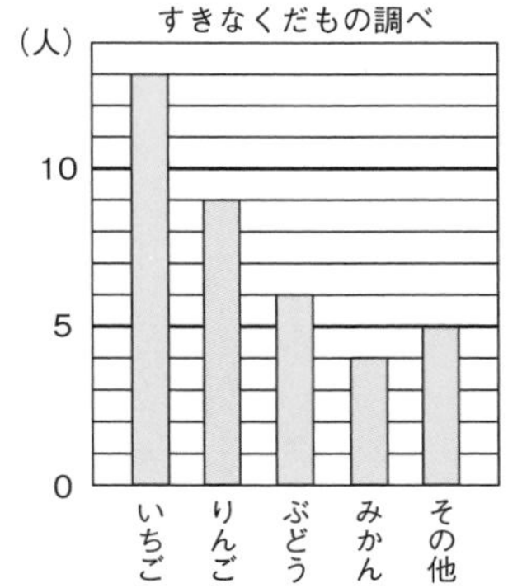

④ いちご

2 ① ○ ② × ③ ○ ④ ○

3 ① 1めもり 2分 グラフ 6分
② 1めもり 5まい グラフ 15まい

34 表とグラフ ②……………………〈P. 36〉

1 ①～④

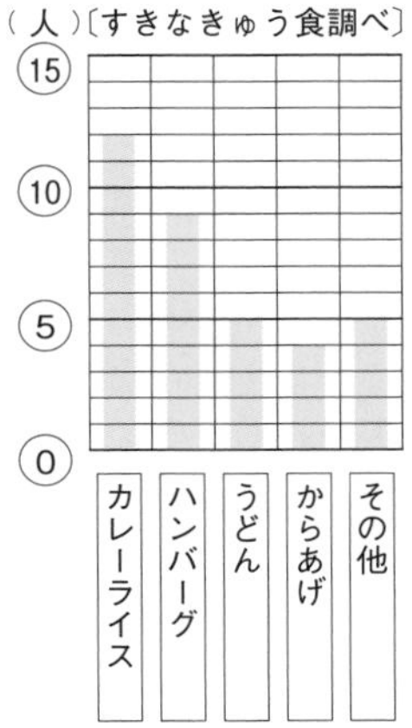

⑤ カレーライス

2 (1) ㋐ Ⓑ ㋑ Ⓐ
(2) ㋐ ハンバーグ
㋑ 1組 ハンバーグ 2組 カレーライス

35 重さ ①……〈P. 37〉

1 ア 140　イ 250　ウ 360
エ 725　オ 955

2 ア 300　イ 550　ウ 930
エ 1，260　オ 1，740

3 ① 250g　② 540g

③ 1kg350g　④ 1kg800g

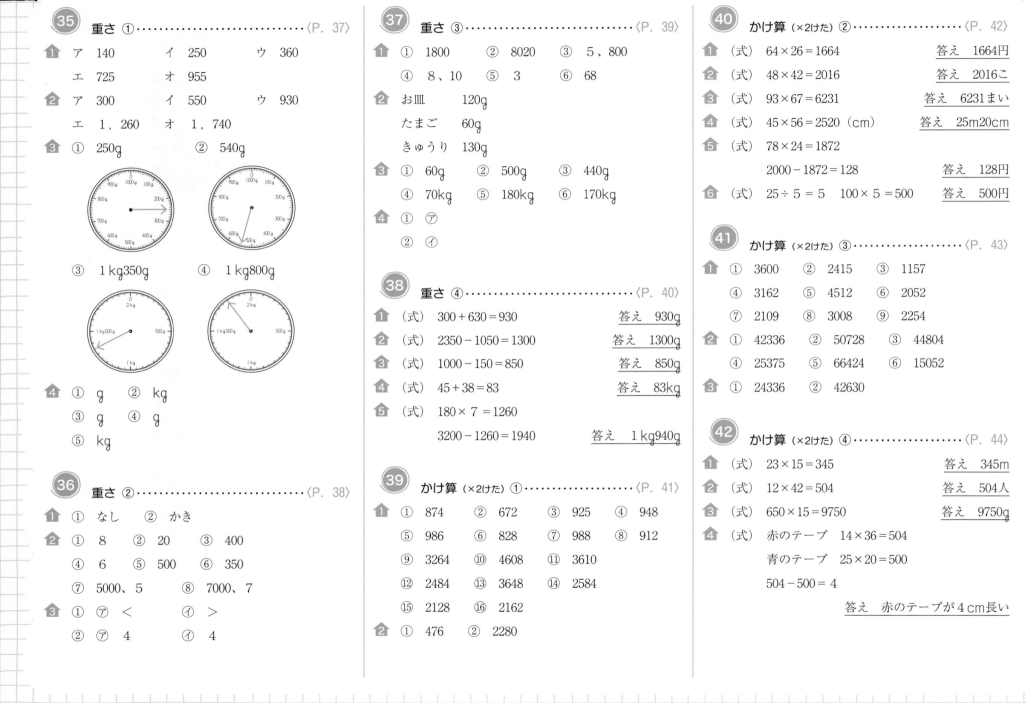

4 ① g　② kg
③ g　④ g
⑤ kg

36 重さ ②……〈P. 38〉

1 ① なし　② かき

2 ① 8　② 20　③ 400
④ 6　⑤ 500　⑥ 350
⑦ 5000、5　⑧ 7000、7

3 ① ㋐ ＜　㋑ ＞
② ㋐ 4　㋑ 4

37 重さ ③……〈P. 39〉

1 ① 1800　② 8020　③ 5、800
④ 8、10　⑤ 3　⑥ 68

2 お皿　120g
たまご　60g
きゅうり　130g

3 ① 60g　② 500g　③ 440g
④ 70kg　⑤ 180kg　⑥ 170kg

4 ① ㋐
② ㋑

38 重さ ④……〈P. 40〉

1 （式） 300＋630＝930　答え 930g

2 （式） 2350－1050＝1300　答え 1300g

3 （式） 1000－150＝850　答え 850g

4 （式） 45＋38＝83　答え 83kg

5 （式） 180×7＝1260
3200－1260＝1940　答え 1kg940g

39 かけ算（×2けた）①……〈P. 41〉

1 ① 874　② 672　③ 925　④ 948
⑤ 986　⑥ 828　⑦ 988　⑧ 912
⑨ 3264　⑩ 4608　⑪ 3610
⑫ 2484　⑬ 3648　⑭ 2584
⑮ 2128　⑯ 2162

2 ① 476　② 2280

40 かけ算（×2けた）②……〈P. 42〉

1 （式） 64×26＝1664　答え 1664円

2 （式） 48×42＝2016　答え 2016こ

3 （式） 93×67＝6231　答え 6231まい

4 （式） 45×56＝2520（cm）　答え 25m20cm

5 （式） 78×24＝1872
2000－1872＝128　答え 128円

6 （式） 25÷5＝5　100×5＝500　答え 500円

41 かけ算（×2けた）③……〈P. 43〉

1 ① 3600　② 2415　③ 1157
④ 3162　⑤ 4512　⑥ 2052
⑦ 2109　⑧ 3008　⑨ 2254

2 ① 42336　② 50728　③ 44804
④ 25375　⑤ 66424　⑥ 15052

3 ① 24336　② 42630

42 かけ算（×2けた）④……〈P. 44〉

1 （式） 23×15＝345　答え 345m

2 （式） 12×42＝504　答え 504人

3 （式） 650×15＝9750　答え 9750g

4 （式） 赤のテープ　14×36＝504
青のテープ　25×20＝500
504－500＝4
答え 赤のテープが4cm長い

5 （式） 大人の運ちん　85×２＝170円

85×68＋170×４＝5780＋680

＝6460　　答え　6460円

43 □を使った式 ①
〈P. 45〉

1 ① 21　② 13

③ 10　④ 72

2 ① 〈テープ図〉

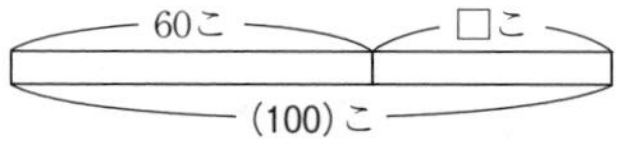

（式） 60＋□＝100

② 〈テープ図〉

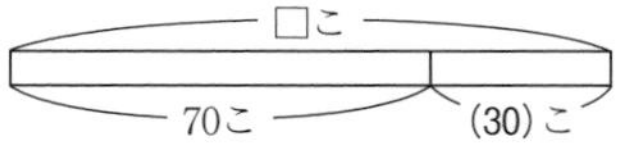

（式） □－70＝30

3 ① 15＋□＝35

② □－７＝35

③ □×６＝48

④ 40÷□＝８

44 □を使った式 ②
〈P. 46〉

① 〈テープ図〉

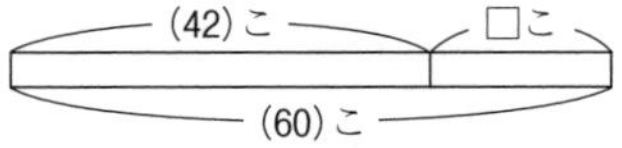

（式） 42＋□＝60　60－42＝18　答え　18こ

② 〈テープ図〉

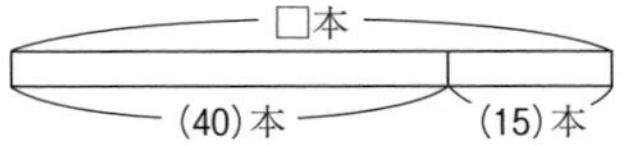

（式） □－40＝15　15＋40＝55　答え　55本

③ 〈テープ図〉

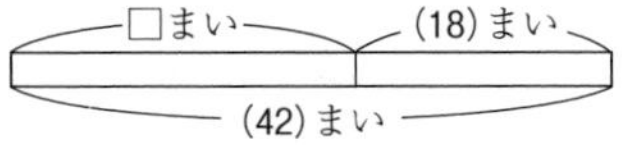

（式） □＋18＝42　42－18＝24　答え　24まい

④ 〈テープ図〉

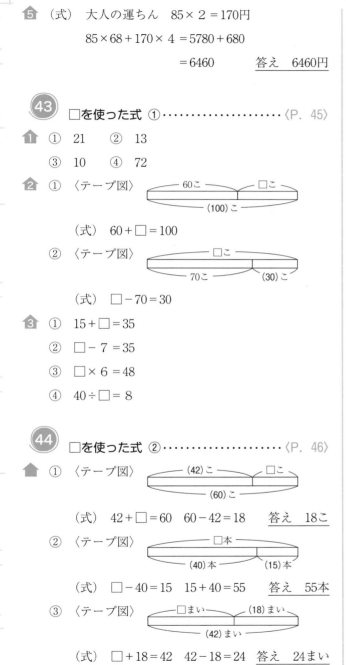

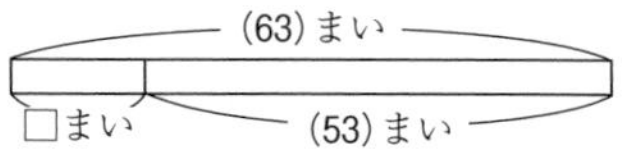

（式） 63－□＝53　63－53＝10　答え　10まい

45 □を使った式 ③
〈P. 47〉

1 ① ９×□＝45

② （式） 45÷９＝５　答え　５箱

2 ① □÷８＝４

② （式） ４×８＝32　答え　32こ

3 ① □×10＝60

② （式） 60÷10＝６　答え　６dL

4 ① 48÷□＝８

② （式） 48÷８＝６　答え　６人

46 □を使った式 ④
〈P. 48〉

1 ① □÷４＝12

② （式） 12×４＝48　答え　48こ

2 ① 35＋□＝50

② （式） 50－35＝15　答え　15まい

3 ① □－14＝38

② 38＋14＝52　答え　52まい

4 ① □×６＝48

② （式） 48÷６＝８　答え　８こ

理科

1 草花を育てよう ① たねまきとめばえ
〈P. 49〉

1 (1) ②

(2) ②

(3) ③

2 ① じょうろ　② いしょくごて

3 ① ヒマワリ　② ホウセンカ

③ マリーゴールド

4 (1) あ 本葉　い め　う 子葉

(2) い→う→あ

2 草花を育てよう ② たねまきとめばえ
〈P. 50〉

1 (1) ① たがやして　② たっぷり

③ かわかない　④ 日づけ

⑤ ふだ

(2) ① め　② 子葉　③ 本葉

2 (1) い

(2) たねが大きいから

3 (1) 名前

(2) １cm

(3) 黄緑色

(4) ホウセンカの育ち方

3 草花を育てよう ③ 植物の育ちとつくり
〈P. 51〉

1 ① くき　② 根

③ 草たけ　④ 水

⑤ ささえる　⑥ 根

2 ① 3　② 4　③ 1　④ 2

4 草花を育てよう ④ 植物の育ちとつくり…〈P. 52〉

1 (1) からだのつくり
(2) 6月18日
(3) 3つ
(4) 葉，くき，根

2 (1) 4月27日（㋐）　7月1日（㋒）
5月8日（㋑）
(2) ① ㋒　② ㋑

5 草花を育てよう ⑤ 植物の一生………〈P. 53〉

1 ① 子葉　② 花　③ 実
④ たね　⑤ かれて

2 ① ㋑　② ㋓　③ ㋐　④ ㋒

3 ① 子葉　② 本葉　③ 草たけ
④ つぼみ　⑤ 花　⑥ 実
⑦ たね

6 草花を育てよう ⑥ 植物の一生・虫めがねの使い方…〈P. 54〉

1 (1) ① ㋐　② ㋓　③ ㋑　④ ㋒
(2) 6月14日（㋑）　9月11日（㋓）
(3) たね

2 ① 虫めがね　② 目　③ 見るもの
④ 見るもの　⑤ 虫めがね　⑥ 目

7 チョウを育てよう ① 育ち方……….〈P. 55〉

1 (1) ① キャベツ　② 黄色　③ 細長い
(2) ① ミカン　② 黄色　③ 丸い
(3) ① よう虫　② 黄色　③ かじる
④ 緑色

2 (1) ㋐ たまご　㋑ よう虫
㋒ さなぎ　㋓ せい虫
(2) ① たまごのからを食べる
② 食べない
③ キャベツの葉

8 チョウを育てよう ② からだ……….〈P. 56〉

1 (1) ㋐ アゲハ　㋑ モンシロチョウ
(2) ① 頭　② むね　③ はら
(3) あし（6本)、はね（4まい）
(4) むね

2 (1) ① 頭　② むね
③ ストロー　④ よう虫
⑤ キャベツの葉　⑥ かむ口
(①と②はじゅん番はかんけいありません)
(2) ① 目　② しょっ角
③ 食べ物　④ きけん
(①と②はじゅん番はかんけいありません)

9 こん虫を調べよう ① からだ……….〈P. 57〉

1 ① 頭　② はら　③ 6本
④ むね　⑤ 4まい　⑥ 2まい
⑦ ない
(①と②はじゅん番はかんけいありません)

2 (1) ① 頭　② むね　③ はら
(2) ㋐ しょっ角が2本
㋑ 目が2こ
㋒ 口が1こ
㋓ あしが6本

10 こん虫を調べよう ② からだ……….〈P. 58〉

1 ㋐ ①　㋑ ③　㋒ ②　㋓ ③
㋔ ③　㋕ ①　㋖ ③　㋗ ②

2 ①、②、④、⑥、⑦、⑧

3 ㋐ ③　㋑ ②　㋒ ①

11 こん虫を調べよう ③ 育ち方……….〈P. 59〉

1 (1) ① 土　② よう虫
③ せい虫　④ 皮をぬいで
(2) ① セミ　② トンボ　③ 水　④ 土
(①と②はじゅん番はかんけいありません)

2 ① くさった葉　② よう虫
③ 皮をぬいで　④ 白色
⑤ 黒色　⑥ せい虫

12 こん虫を調べよう ④ くらし……….〈P. 60〉

1 (1) ① 色　② 形
③ 食べ物　④ ちがいます
(①と②はじゅん番はかんけいありません)
(2) ① エンマコオロギ　② 草　③ 虫

(3) ① 水　② 4cm　③ こげ茶色

2 ① 緑色　② 茶色　③ てき

④ 後ろあし　⑤ ジャンプ

13 身近なしぜん ① かんさつのしかた･･･〈P. 61〉

1 (1) ① かんさつカード　② 筆記用具

③ あみ　④ 虫かご　⑤ 虫めがね

(①と②はじゅん番はかんけいありません)

(2) ① 虫めがね　② 形　③ 色

④ 大きさ　⑤ 思ったこと

(②と③と④はじゅん番はかんけいありません)

2 ① 題名　② 日時

③ 場所　④ 気づいたこと

14 身近なしぜん ② 植物やこん虫････････〈P. 62〉

1 ① 日光　② 草たけ

③ 高く　④ 人や車

⑤ ハルジオン　⑥ じょうぶ

⑦ タンポポ　⑧ ハルジオン

2 (1) ① 暗い　② アブラムシ

③ だいだい色

(2) ① ストロー　② みつ　③ 木のしる

15 かげと太陽 ① 太陽の動きとかげのでき方･････〈P. 63〉

1 (1) ① 東　② 南　③ 西　④ 太陽

(2) ① 日光　② 反対がわ

③ かげ　④ 時こく

2 (1) ④、⑤

(2) ②、③

(3) ㋐

3 ① (北)(東)

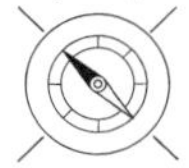

(西)(南)

② (東)(南)

(北)(西)

16 かげと太陽 ② 日なたと日かげ････････〈P. 64〉

1 (1) ㋐

(2) 温度計

(3) ① 日光　② かわいて

(4) 日かげになる

2 (1) ① 温度計　② 10時

③ 正午　④ 地面

(2) ① 18℃　② 16℃

③ 日なた　④ 日かげ

⑤ 日光　⑥ 高く

17 光であそぼう ① 光の進み方･･････････〈P. 65〉

1 (1) ① 日光　② 明るく　③ 目

(2) ① 丸　② 四角　③ 三角

2 ① ㋐　② ㋓　③ 下

3 ㋑

18 光であそぼう ② 光を集める･･････････〈P. 66〉

1 ① 丸い　② 1　③ 3

④ ア　⑤ 2　⑥ 3

⑦ 明るく　⑧ 高く

2 ① 小さく　② 高く　③ 大きく

④ 日光　⑤ 明るく　⑥ 高く

19 明かりをつけよう ① 明かりのつけ方･･･〈P. 67〉

1 ① フィラメント　② ソケット

③ どう線　④ ＋きょく　⑤ －きょく

2 ① ＋　② どう線　③ 通り道

④ フィラメント　⑤ 回路

20 明かりをつ けよう ② 明かりのつけ方･･〈P. 68〉

1 ① ゆるんで　② フィラメント

③ きょく　④ ついて　⑤ 回路

2 ① ×　② ○　③ ×

④ ×　⑤ ○

21 明かりをつけよう ③ 電気を通す、通さない････〈P. 69〉

1 ①、②、③、⑧

2 ① アルミニウム　② 金ぞく　③ 通す

④ はがして　⑤ 紙　⑥ ガラス

⑦ 通し　⑧ 通し

(⑤と⑥はじゅん番はかんけいありません)

22 明かりをつけよう ④ 電気を通す、通さない････〈P. 70〉

1 ① つきません　② ペンキ

③ 通しません　④ 表面

⑤ 金ぞく　⑥ 通す

2 ②、③、⑤、⑥

23 じしゃく ① じしゃくの力…………〈P. 71〉

1 (1) ① 鉄　② 紙　③ アルミニウム

(2) ① ふれて　② 鉄　③ つかない

2 (1) ㋐ 強い　㋑ 弱い　㋒ 強い

(2) Nきょく、Sきょく

24 じしゃく ② じしゃくの力…………〈P. 72〉

1 ① ×　② ×　③ ○

④ ○　⑤ ×　⑥ ×

⑦ ×　⑧ ○　⑨ ×

⑩ ×　⑪ ×　⑫ ×

2 ②、④、⑥、⑦

25 じしゃく ③ じしゃくのせいしつ……〈P. 73〉

1 ① 鉄　② 両はし　③ きょく

④ Nきょく　⑤ Sきょく

(④と⑤はじゅん番はかんけいありません)

2 ① ×　② ○　③ ×　④ ○

3 ① ○　② ×　③ ×　④ ○

26 じしゃく ④ じしゃくのせいしつ……〈P. 74〉

1 ① はり　② Nきょく　③ じしゃく

④ 西　⑤ Sきょく

2 ① じしゃく　② じしゃく

③ こすって　④ 方いじしん

27 風やゴムで動かそう ① 風のはたらき…〈P. 75〉

1 (1) ① 消す　② たおし

③ とばし　④ 強い力

(2) ① ヨット　② 電気

③ そうじき　④ 向き

2 ① ゴム　② 空気　③ 大きく

④ 遠く　⑤ 強い　⑥ 速く

28 風やゴムで動かそう ② ゴムのはたらき…〈P. 76〉

1 (1) ㋐、㋒

(2) ㋑

(3) ① 長く　② ねじる

2 (1) ① ゴム　② 元にもどる

③ プロペラ　④ 風

(2) ① 速さ　② 強さ

③ 回数　④ 遠く

29 ものと重さ ①……………………〈P. 77〉

1 ① 電子てんびん　② 台ばかり

③ 上皿てんびん　④ 重さ

⑤ 水平　⑥ つり合う

(①と②はじゅん番はかんけいありません)

2 (1) ㋑

(2) ㋑

(3) ㋐

(4) ㋐

30 ものと重さ ②……………………〈P. 78〉

1 (1) ㋒

(2) ㋐

(3) ㋐

(4) ㋑

2 (1) ねん土

(2) 発ぽうスチロール

(3) 鉄

(4) 木

(5) (左から) 3、1、2、4

31 ものと重さ ③……………………〈P. 79〉

1 ① 上皿てんびん　② 同じ　③ 下

④ 重く　⑤ 同じ

2 ①

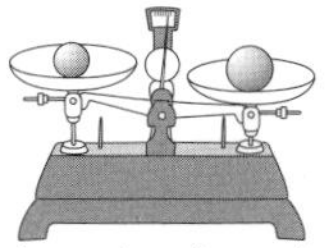

(　) (○)

②

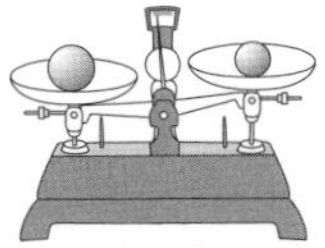

(○) (　)

3 ① ×　② ○　③ ×　④ ○

32 ものと重さ ④ 体せきと重さ…………〈P. 80〉

1 ① 50mL　② ふえた

③ 6mL　④ 体せき

2 ① 同じ　② つり合い　③ ちがい

④ 重く　⑤ 鉄

社 会

1 絵地図 ①……〈P. 81〉

1 (1) ① ○　② ×　③ ○
④ ○　⑤ ×

(2) ① ㋒　② ㋐　③ ㋓　④ ㋑

(3) 北

(4) ②、④、⑤

2 絵地図 ②……〈P. 82〉

1 (1) ① お寺、病院　② 鉄道
③ 消ぼうしょ　④ 交番

(2) ① 4　② 東
③ 南　④ スーパーマーケット

(3) ㋒

3 方いと地図記号 ①……〈P. 83〉

1 (1) 八方い

(2) ① 北　② 北東　③ 東　④ 南東
⑤ 南　⑥ 南西　⑦ 西　⑧ 北西

2 (1)
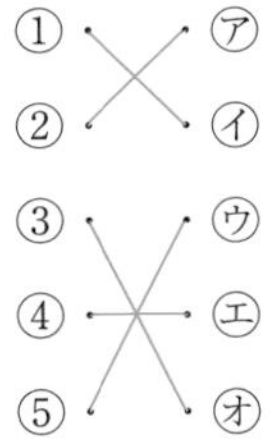

(2)
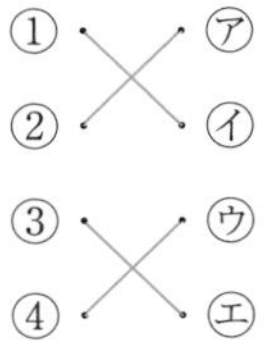

4 方いと地図記号 ②……〈P. 84〉

1 ① けいさつしょ　② 消ぼうしょ
③ 学校　④ 工場
⑤ 神社　⑥ 病院
⑦ 市役所　⑧ 田

2
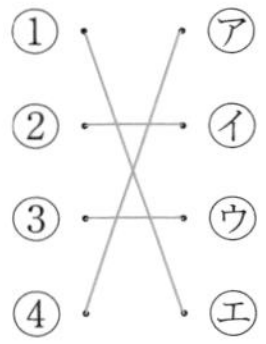

3 (1) ① ゆうびん局　② 病院

(2) ① 図書館　② 市役所

(3) 田

(4) 南西

5 地図学習 ①……〈P. 85〉

1 (1) 方い記号

(2) 北

(3) 田

(4) 家

(5) ㋐ 北　㋑ 東　㋒ 南　㋓ 西

(6)

(7) ②、③

6 地図学習 ②……〈P. 86〉

1 (1) ① 神社　② 病院
③ けいさつしょ　④ 消ぼうしょ
⑤ 学校

(2) ① ゆうびん局　② 市役所　③ 工場

2 (1) 山ちょう

(2) 北西

(3) 田

(4) くだもの畑

7 店ではたらく人びとの仕事 ①……〈P. 87〉

1 ① ㋐　② ㋓　③ ㋒　④ ㋑

2
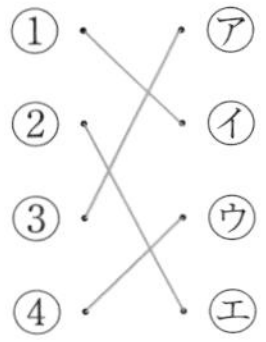

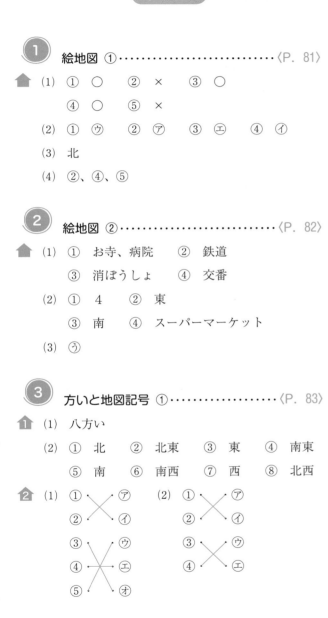

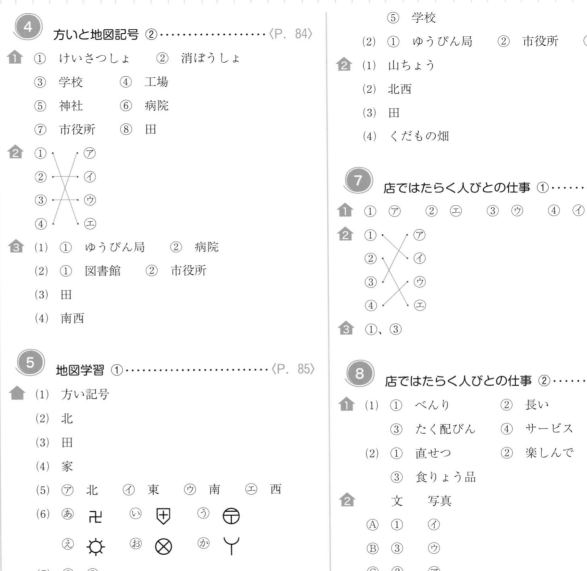

3 ①、③

8 店ではたらく人びとの仕事 ②……〈P. 88〉

1 (1) ① べんり　② 長い
③ たく配びん　④ サービス

(2) ① 直せつ　② 楽しんで
③ 食りょう品

2

	文	写真
Ⓐ	①	㋑
Ⓑ	③	㋒
Ⓒ	②	㋐

9 畑ではたらく人びとの仕事 ①………〈P. 89〉

1

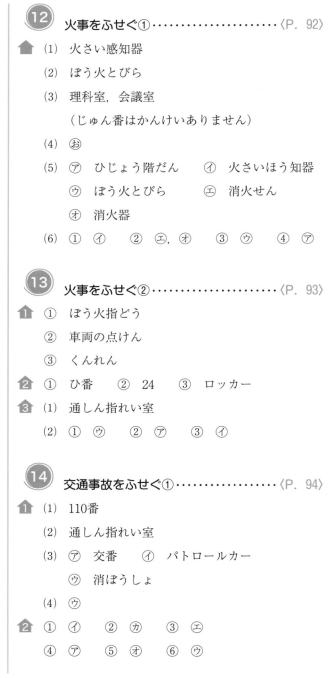

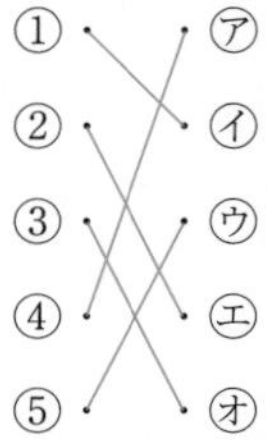

2 ① ○　② ×　③ ○
④ ○　⑤ ×

10 畑ではたらく人びとの仕事 ②………〈P. 90〉

1 (1) きゅうり、キャベツ、ねぎ
(2) きゅうり
(3) 1月～10月
(4) 1月、2月、7月

2 ① ×　② ○　③ ×
④ ×　⑤ ○　⑥ ×

11 工場ではたらく人びとの仕事………〈P. 91〉

1 ① ㋓　② ㋒　③ ㋐
④ ㋔　⑤ ㋑

2 (1) ① パンを作る人　② じむの人
③ 配たつの人
(じゅん番はかんけいありません)
(2) ① 午後10時から午前5時まで
② 午前7時から午後3時まで

12 火事をふせぐ①……………………〈P. 92〉

1 (1) 火さい感知器
(2) ぼう火とびら
(3) 理科室，会議室
(じゅん番はかんけいありません)
(4) ㋔
(5) ㋐ ひじょう階だん　㋑ 火さいほう知器
㋒ ぼう火とびら　㋓ 消火せん
㋔ 消火器
(6) ① ㋑　② ㋓，㋔　③ ㋒　④ ㋐

13 火事をふせぐ②……………………〈P. 93〉

1 ① ぼう火指どう
② 車両の点けん
③ くんれん

2 ① ひ番　② 24　③ ロッカー

3 (1) 通しん指れい室
(2) ① ㋒　② ㋐　③ ㋑

14 交通事故をふせぐ①………………〈P. 94〉

1 (1) 110番
(2) 通しん指れい室
(3) ㋐ 交番　㋑ パトロールカー
㋒ 消ぼうしょ
(4) ㋒

2 ① ㋑　② ㋕　③ ㋓
④ ㋐　⑤ ㋔　⑥ ㋒

15 交通事故をふせぐ②………………〈P. 95〉

1 (1) 運転手
(2) 前方不注意
(3) ①，②，⑤

2 ① ㋑　② ㋒　③ ㋐

3 ① ㋒　② ㋓　③ ㋐　④ ㋔

16 昔の道具と人びとのくらし…………〈P. 96〉

1 (1) おひつ
(2) かまど、いろり
(3) ざしきほうき、せんたく板
(4) ランプ

2 (1) ①
(2) ㋐、㋑
(3) ㋐ 2　㋑ 3　㋒ 1

国語

1 里の春、山の春……〈P. 97〉

1 (1) さくらがさいている。 小鳥は鳴いている。
(2) 山のおく
(3) ㋐ けれども ㋑ すると ㋒ やがて
(4) 生まれてまだ一年にならないから。
(5) ㋐・㋒・㋔・㋖
(6) どんどん山をおりていった。

2 かん字 ①……〈P. 98〉

1 ① はしら・ぶぶん
② けんきゅう・はっぴょう
③ ぎんこういん・ま
④ ぜんりょく・とうきゅう
⑤ しょうわ・しら
⑥ べんきょう・りょうりつ

2 ① 弱 ② 肉 ③ 強 ④ 食

3 ① 飲酒・悪 ② 暗号・通知
③ 医薬・箱 ④ 学級委員
⑤ 始業式・始 ⑥ 反対・感想
⑦ 体育館・運動 ⑧ 横・路・進
⑨ 都・宮 ⑩ 写真・受

3 たけのこ……〈P. 99〉

1 (1) Ⓐ ㋐、㋑ Ⓑ ㋒、㋔ Ⓒ ㋓
(2) やぶの外に出ると馬の足にふまれるから。
(3) しかし
(4) 美しいやさしい声がわたしをよぶから。
(5) ㋐ どんどん ㋑ とうとう
(6) かき根の外に頭を出してしまった。

4 かん字 ②……〈P. 100〉

1 ① けっしょう・ちゅうもく
② まつ・ようす
③ きゅうしゅう・きゅうそく
④ かんちゅう・すいえい
⑤ かぞく・ぜんいん

2 ① 記者・汽車
② 人命・人名

3 ① 漢・意味調 ② 根・根・部
③ 銀・客・待 ④ 研究発表
⑤ 勉強・遊 ⑥ 洋服・品物
⑦ 全力投球 ⑧ 昭和・思・出
⑨ 急・鼻血 ⑩ 柱・板・打

5 白くまの子……〈P. 101〉

1 (1) アラスカ、シベリア
(2) 白くま
(3) ②
(4) けれど
(5) （勝手に）海鳥を追いかけていった。
(6) あちら
(7) 遠い町の動物園へ送られた。

6 言葉と文 ① 言葉のなかまわけ……〈P. 102〉

1

ようす	動き	名前
速い	よろこぶ	つくえ
美しい	考える	六秒
明るい	歌う	一学期

2 ① つもる ② のばす、すう
③ ふる、まく

3 ① ひらひら ② ゆっくり ③ ゴロゴロ

4 (1) ① ㋐ ② ㋒ ③ ㋑
(2) ① ㋐ ② ㋒ ③ ㋑ ④ ㋒
⑤ ㋐ ⑥ ㋒ ⑦ ㋑

7 手ぶくろを買いに……〈P. 103〉

1 (1) 冬
(2) ほらあな
(3) 目に何かささったとおもったから。
(4) ㋐ おそるおそる ㋑ どっさり
㋒ キラキラ
(5) 何もささってはいなかった。
(6) 雪を知らなかった子ぎつねは、あまり強い反しゃをうけたから。

8 かん字 ③ ……〈P. 104〉

1 ① うんどう・れんしゅう
② ふえ・ほうそう
③ よてい・はこ
④ びょういん・にかい
⑤ かぐ・しょうばい
⑥ ようき・にんきもの
⑦ こおり・おんど

2 ① ㋐ もの　㋑ ぶつ　㋒ もつ
② ㋐ げん　㋑ かん

3 ① 両親・九州　② 注目・集
③ 緑地・休息　④ 幸福・家族
⑤ 死・悲　⑥ 決勝
⑦ 湖・寒中　⑧ 世界・祭
⑨ 港・仕事　⑩ 電波・乗

9 うた時計 ……〈P. 105〉

(1) かたいつめたいもの
(2) 時計
(3) ① かね　② 大きい　③ ねじ
(4) オルゴール
(5) 天国で小鳥がうたってでもいるような（美しさ）。
(6) 少年がねじをさわったから。

10 かん字 ④ ……〈P. 106〉

1 ① しょうか・やくだ
② しょうめん・のうか
③ はし・すいしん
④ うつく・きりつ
⑤ しょくぶつ・お（ち）ば
⑥ かん・ぶんしょう

2 ① ㋐ ふうう　㋑ あめかぜ
② ㋐ げんや　㋑ のはら

3 ① 病院・運　② 軽・荷物
③ 陽気・人気者　④ 笛・練習
⑤ 二階・道具　⑥ 安・商売
⑦ 氷・温度　⑧ 苦心・作曲
⑨ 予定通・放送　⑩ 急・悲

11 かえるの王さま ……〈P. 107〉

(1) 一番下のおひめさま
(2) ㋐ さて　㋑ つい　㋒ すると
(3) おしろの近く（の森）
(4) まりをいずみの中へ落としてしまったから。
(5) 「おひめさま。～おかわいそうだとなきますよ。」（後ろから７行目）
(6) 声のする方
(7) 一ぴきのかえる

12 言葉と文 ② 主語・述語・くわしくする言葉 …〈P. 108〉

1 ① 鳴き声は、かわります。
② えさは、わか葉です。
③ 根は、多い。
④ こん虫は、くらす。

2 ① (主) こうもりは　(述) とびます
② (主) こうもりは　(述) 使います
③ (主) 体は　(述) なっています

3 ① たくさんの わたり鳥、ゆったりと 泳いでいる
② 五才の 妹、かわいい 服
③ 三時の おやつ、おいしそうに 食べた

4 ① 駅前の、新しい　② あまい、きれいな

13 カタツムリのひみつ ……〈P. 109〉

(1) ① やわらかいわか葉　② 木のめ
(2) ㋐ ざらざらした　㋑ ねばねばした
(3) 木の葉のかげ、草の根元
(4) まき貝
(5) カタツムリの体内の水分はどんどん外へにげてしまうから。
(6) 体中をねばねばしたえきでつつんでいる。

14 かん字 ⑤ ……〈P. 110〉

1 ① やど・つ
② じょうとう・ようもう
③ てっきょう・しま
④ もんだい・ゆうめい
⑤ み・むかし・はなし
⑥ だいいち・しめい

2 ① 意　② 気　③ 投　④ 合

3 ① 岸・水深　② 正面・向
③ 役・植物　④ 起・礼・終

⑤ 歯・感　⑥ 主語・文章
⑦ 農・畑・守　⑧ 予定・消化
⑨ 橋・通・速　⑩ 美・落・葉

15 カブトムシの一日……〈P. 111〉

(1) 地中にもぐって、休んでいる。
(2) じゅえき
(3) 夜
(4) （林の中でも）じゅえきのたくさん出る木はそんなに多くないから。
(5) ㋐ そして　㋑ しかし
(6) 体をぶつける。 大きな角を使う。
（じゅん番はかんけいありません）

16 かん字 ⑥……〈P. 112〉

1 ① そうだん・じゅうしょ
② し・どうわ
③ せきゆ・せきたん
④ じゆう・びょうどう
⑤ さか・やっきょく

2 ① ㋐ 上る　㋑ 上がる
② ㋐ 細い　㋑ 細かい

3 ① 上等・毛皮　② 湯・宿
③ 鉄橋・工事　④ 島・着
⑤ 問題・身　⑥ 地区長・指名
⑦ 命・第一　⑧ 羊毛・使
⑨ 有名・昔・話　⑩ 期間・短・冬

17 動物の口……〈P. 113〉

(1) ① 鳥………かたくて長いくちばし
② かば……大きな口
(2) ① オオアリクイ
② ペリカン
③ リス
(3) ㋐ ①　㋑ ③　㋒ ②
(4) 食べている物

18 言葉と文 ③つなぎ言葉・こそあど言葉…〈P. 114〉

1 (1) ① ㋐ だから　㋑ しかし
② ㋐ けれども　㋑ それで

2 ① ㋐　② ㋑

3 ① あれ　② それ　③ これ　④ どれ
⑤ こんな

19 長ぐつをはいたねこ……〈P. 115〉

(1) 粉ひき
(2) ① 風車　② ろば
(3) ②
(4) ねこ
(5) ① 食べる　② 手ぶくろ　③ 死んで

20 かん字 ⑦……〈P. 116〉

1 ① きょねん・ま
② ひろ（い）もの・かえ
③ だいひょう・もう
④ びょうそく・はや
⑤ へや・しんにゅう
⑥ じんじゃ・きちょう
⑦ とざんか・お

2 ① ㋑　② ㋐　③ ㋒

3 ① 石油・石炭　② 坂・住所
③ 庭・流　④ 詩・助
⑤ 君・配・係　⑥ 相談相手
⑦ 絵皿・重　⑧ 薬局・開店
⑨ 童話・筆者　⑩ 自由・平等

21 クモの糸……〈P. 117〉

(1) 糸を出すイボ
(2) ㋐ 小さなあな　㋑ ねばねばしたえき体
(3) ① 横糸
② 虫たちを動けなくさせるため。
(4) ㋐ こうして　㋑ では　㋒ もし
(5) 体の表面や足から油のようなものを出しているから。

22 かん字 ⑧……〈P. 118〉

1 ① いいん・つうち
② たいいくかん・しぎょう
③ はんたい・すす
④ しゃしん・かんそう
⑤ いんしゅ・わる

2 ① 火事・家事
② 人口・人工

3 ① 登山・申　② 拾・返
③ 駅・車庫　④ 秒速・倍
⑤ 県・代表　⑥ 去年・負
⑦ 神社・記帳　⑧ 後・追・進入
⑨ 豆・一丁　⑩ 実・暑・部屋

23 ミツバチのダンス……………………〈P. 119〉

(1) 目、しょっ角
(2) ① 花のみつ　② 花ふん
(3) だんご
(4) しりふり
(5) ① 円（ダンス）…（花畑は）近い
② ８の字（ダンス）…遠い
(6) ①、③

24 言葉と文 ④こそあど言葉・ローマ字…〈P. 120〉

1 ① 図書館　② スカート
③ 赤色の屋根　④ 水族館

2 (1) ① ア　② イ
(2) ① イ　② ア

3 (1)（右から）２、１、３、４
(2)（右から）２、４、３、１

4 (1) ① ひこうき　② どうぶつ
③ びょういん　④ きょうりゅう
(2) ① kitte　② gakkô

25 まとめ：ピーマンは、なぜ苦い……〈P. 121〉

1 (1) 苦いから。
(2) どく物
(3) ㋐ では　㋑ だから
(4) まだタネがじゅくしていないから。
(5) 鳥などに実を食べてもらって運ぶ。
(6) 赤くあまくなる。

2 ① ㋒　② ㋓　③ ㋐　④ ㋑

3 (1) ㊜ ねんげつ　㊙ としつき
(2) ㊜ ふうしゃ　㊙ かざぐるま
(3) ㊜ そうげん　㊙ くさはら

26 まとめ：カメは、なぜおそいのか‥‥〈P. 122〉

1 (1) カメ
(2) ① 重いこうら
② 短く、曲がっている。
(3) ① こうら　② えもの

2 (1) ㋐ 阪神パーク　㋑ くじら
㋒ 甲子園浜
(2) ① 昔　② 球場　③ 運　④ 乗

27 まとめ：シロサイとクロサイ………〈P. 123〉

1 (1) 口の形
(2) ① 平らになっている　② とがっている
(3) ① 地面の草を一度にたくさんむしり取れるように。
② 木の葉をもぎ取りやすいように。
(4) ワイド⇒ホワイト

2 ① ㊟ 弟は　㊤ 遊んでいる
② ㊟ 赤ちゃんは　㊤ ねている

3 ① 太陽、様子
② 病院、飲食

28 まとめ：クモの糸…………………〈P. 124〉

1 (1) ㋐ ので　㋑ しかし　㋒ だから
(2) 直けい一〇〇〇分の五ミリ
(3) ① 一〇分の五
② 六〇
(4) やわらかい（部分と）かたい（部分）

2 ① かざぐるま　② 回り道
④ 組み立てる

3 ① 男女　② 強弱　③ 春夏秋冬
（①と②はじゅん番はかんけいありません）

29 まとめ：日食・月食になぜ食がつくの‥‥〈P. 125〉

1 (1) ① 月食　② 日食
(2) 食
(3) むしばむ
(4) 虫が葉っぱを食べていくようすと同じように思ったから。

2
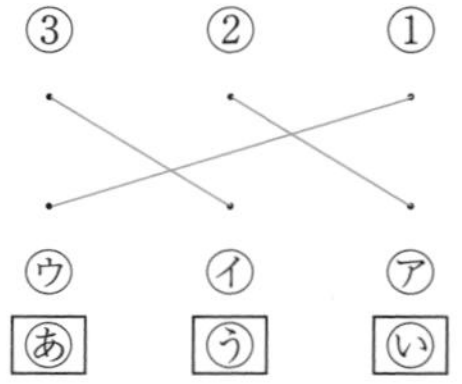

3 ① 銀　② 身　③ 林　④ 路

30 まとめ：コウモリの体 ……………〈P. 126〉

1 (1) ネズミ
(2) うすいまく
(3) 細いうでや手の指の間
(4) ㋐ しかし　㋑ そして
(5) おりたたみがさ

2 ㋐ 生きる　㋑ 生まれる　㋒ 生える

3 作文は[題]を[第]一に考えるのが[大]事だ。

31 まとめ：鬼六（おにろく）…………〈P. 127〉

1 (1) ある村の真ん中
(2) 何度橋をかけても、すぐ流されてしまうから。
(3) 都で名高い大工の名人
(4) ㋐ ない　㋑ も
(5) 川の水はくるくる目の回るような速さで、うずをまいていたから。

2 ① ㋑　② ㋐　③ ㋑

32 まとめ：ざしき童子(ぼっこ)のはなし…〈P. 128〉

1 (1) しんとしている。
(2) ㋐ から　㋑ ところが　㋒ が
(3) 家のどこかのざしき
(4) ① こっそり　② ひっそり
(5) ②

2 ① 使命、指名
② 会館、開館

英語

1 アルファベットの大文字 ① ………〈P. 129〉

1 （答えはしょうりゃく）

2

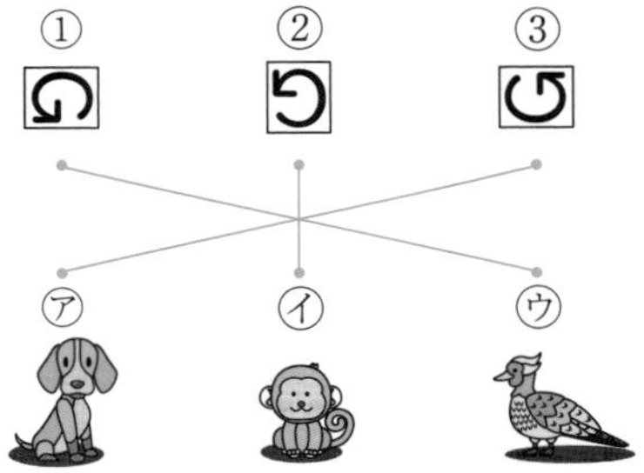

2 アルファベットの大文字 ② ………〈P. 130〉

1 （答えはしょうりゃく）

2 ① A　② K　③ M　④ F
⑤ B　⑥ J

3 アルファベットの大文字 ③ ………〈P. 131〉

1

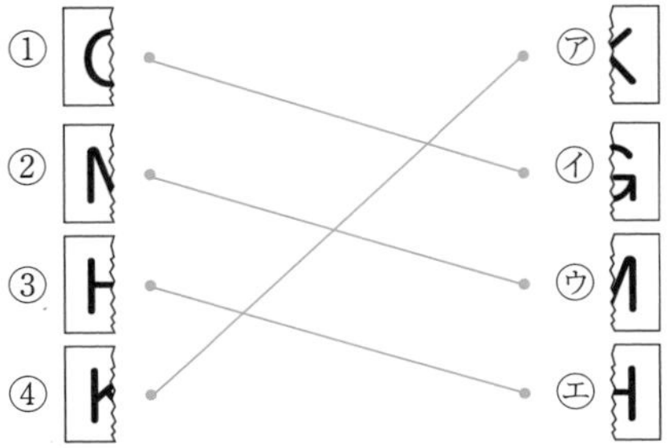

2 ① BAG　② CAT　③ LION

3 ① BA　② A　③ JU　④ KO
㋐ ALA　㋑ NANA　㋒ PPLE　㋓ ICE

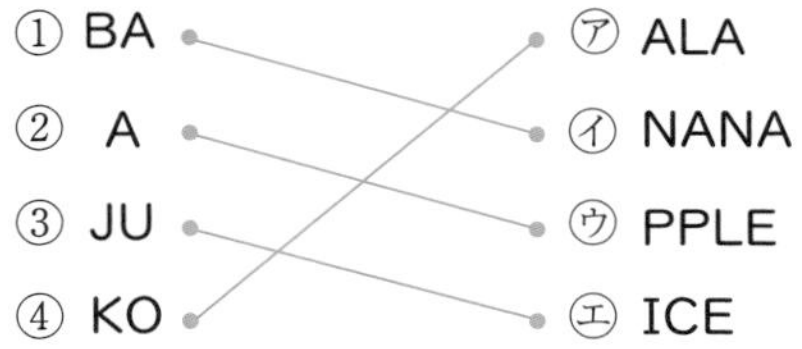

（えいたん語はしょうりゃく）

4 アルファベットの大文字 ④ ………〈P. 132〉

1 （答えはしょうりゃく）

2 ① R　② T　③ O
④ P　⑤ U

5 アルファベットの大文字 ⑤ ………〈P. 133〉

1 2 （答えはしょうりゃく）

6 アルファベットの大文字 ⑥ ………〈P. 134〉

1

2

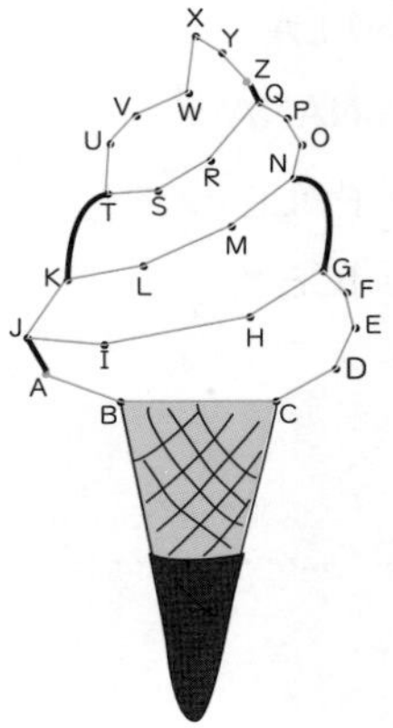

⑦ アルファベットの小文字 ① ‥‥‥〈P. 135〉

1 （答えはしょうりゃく）

2

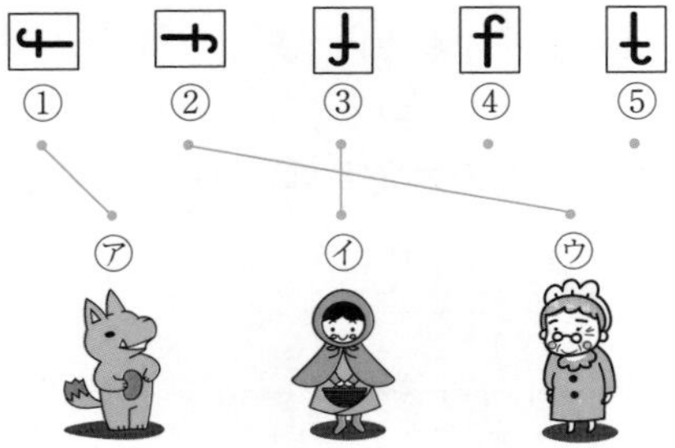

⑧ アルファベットの小文字 ② ‥‥‥〈P. 136〉

1 （答えはしょうりゃく）

2 ① h ② j ③ g ④ e

⑤ m ⑥ s

⑨ アルファベットの小文字 ③ ‥‥‥〈P. 137〉

1
① ho ● ● ⑦ sic
② era ● ● ⑦ on
③ mu ● ● ⑦ ser
④ li ● ● ⑦ rse

（えいたん語はしょうりゃく）

2

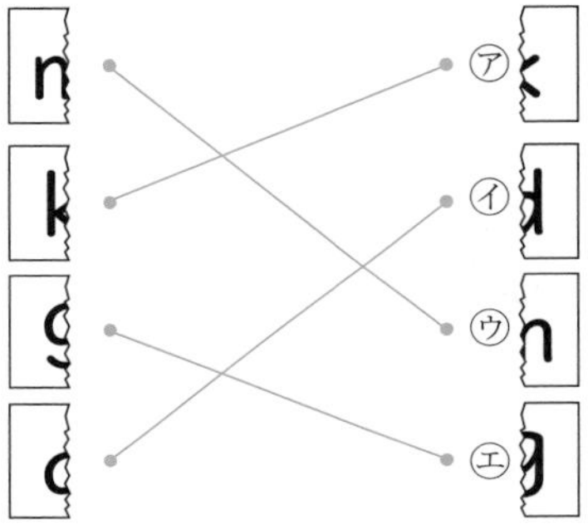

3 ① bird ② jam ③ cake

⑩ アルファベットの小文字 ④ ‥‥‥〈P. 138〉

1 （答えはしょうりゃく）

2 ① q ② p ③ u

④ t ⑤ s

⑪ アルファベットの小文字 ⑤ ‥‥‥〈P. 139〉

1 **2** （答えはしょうりゃく）

⑫ アルファベットの小文字 ⑥ ‥‥‥〈P. 140〉

1

① ウサギ white
② ヴァイオリン box
③ タコ rabbit
④ 箱 octopus
⑤ 白 violin

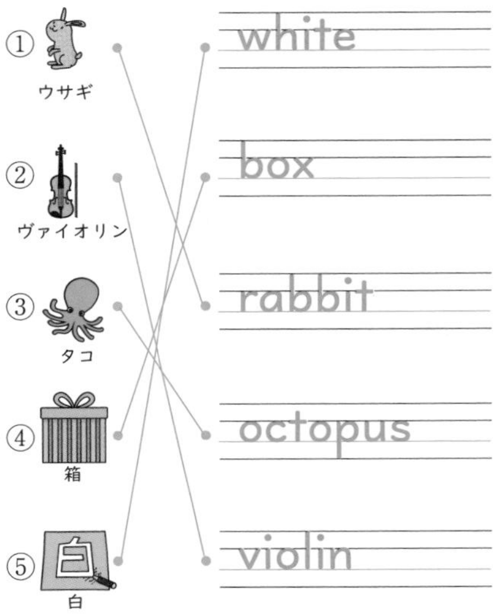

2

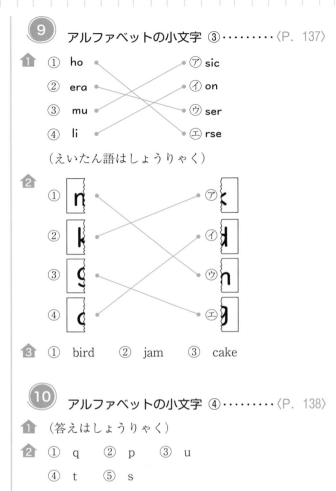

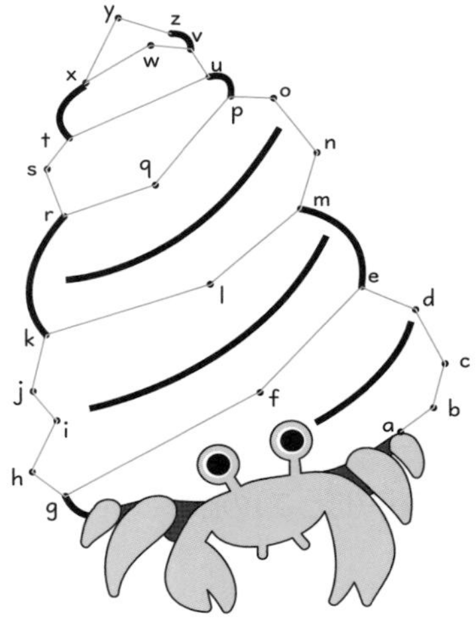

要点チェック! 全科ノート　小学3年生

2015年12月20日　初　版　第１刷発行
2021年１月20日　改訂版　第１刷発行
2023年４月10日　　　　　第２刷発行

著　者　宮崎彰嗣（みやざき しょうじ）
　　　　馬場田裕康（ばばた ひろやす）

発行者　面　屋　　洋

企　画　清　風　堂　書　店

発行所　フォーラム・A

〒530-0056　大阪市北区兎我野町15-13
TEL 06（6365）5606
FAX 06（6365）5607
振替 00970-3-127184
http://www.foruma.co.jp/

制作編集担当・蒔田司郎　田邉光喜

表紙デザイン・ウエナカデザイン事務所
印刷・㈱関西共同印刷所／製本・㈱高廣製本